아이의
마음을 여는
엄마의
100가지 질문

Der Zauber guter Gespräche:
Kommunikation mit Kindern, die Nähe schafft
by Ulrike Döpfner

Copyright © 2019 Beltz Verlag in the publishing group Beltz · Weinheim Basel

All rights reserved. No part of this book may be used or reproduced in any manner whatever without written permission except in the case of brief quotations embodied in critical articles or reviews.

Korean Translation Copyright © 2022 by E*PUBLIC
Korean edition is published by arrangement with Beltz Verlag
through BC Agency, Seoul

이 책의 한국어판 저작권은 BC에이전시를 통한
저작권사와의 독점 계약으로 ㈜이퍼블릭에 있습니다.
저작권법에 의해 한국 내에서 보호를 받는 저작물이므로 무단전재와 복제를 금합니다.

*Der Zauber guter Gespräche*

**울리케 되프너** 지음
**이지혜** 옮김

# 아이의 마음을 여는 엄마의 100가지 질문

로그인

# 차례

서문　07

## 1장 아이와의 대화를 위해 부모가 할 일

| | |
|---|---|
| 아이에게 주는 선물: 관심 기울이기 | 14 |
| 거리를 좁혀주는 좋은 대화 | 18 |
| 마음의 문을 여는 마법 | 20 |
| 적극적 경청 | 44 |
| 대화를 위한 시간과 장소 | 62 |
| 부모가 가르쳐주는 진정 어린 대화법 | 71 |
| 문자 메시지와 채팅 | 82 |

## 2장 아이 마음에 다가서는 법

| | |
|---|---|
| 바쁜 일상에서 꽃 피는 대화 | 96 |
| 아이가 입을 닫아 버릴 때 | 104 |
| 모든 자녀들에게 공평하려면 | 109 |
| 갈등 상황에서의 대화 | 113 |
| 다툼의 덫: 당면한 주제에서 벗어나기 | 124 |
| 자칼과 기린: 비폭력 대화 | 135 |
| 함께 살지 않는 자녀와 애착 쌓기 | 149 |
| 조부모와의 대화 시간 | 160 |
| 사랑은 모든 것을 옳게 만든다 | 165 |

## 3장 아이의 세상을 여는 100가지 질문

| 아이의 상상력 | 173 |
| 아이의 소망 | 180 |
| 아이의 취향 | 191 |
| 아이의 가치관 | 199 |
| 아이의 창의력 | 210 |
| 아이의 선택 | 215 |
| 아이의 감정 | 221 |

**감사의 말**   230

# 서문 ✦

고해성사로 이 책을 시작하려고 한다.

나는 만들기를 잘하는 엄마가 아니다. 손재주는 영 타고나질 못했다. 그림도 못 그리고, 점토공예도 못하고, 코바늘이나 대바늘로 하는 뜨개질도, 공구 작업도 할 줄 모른다. 창의력을 발휘해 손으로 무언가를 만들어 내는 재능이 내겐 아예 없다. 아이들, 특히 어린 자녀들과 무언가를 함께 만들고 뚝딱거리고 그림을 그리는 일은 아이의 창의력을 키워주고 거리감도 좁혀 주는 아주 멋진 활동이다. 그러나 애석하게도 나는 내 아이들과 이런 것들을 전혀 누리지 못했다.

그중에서도 아이들의 초등학교 입학식 날은 내가 창의력 꼴찌 엄마라는 사실이 만천하에 드러나는 '수치의 날'이었다. 아이의 친구들은 모두 엄마가 온갖 아이디어를 쏟아 부어 만든, 세상 단 하나뿐인 '슐튜테

(Schultüte, 독일 아이들이 초등학교 입학식에 들고 가는 고깔 모양의 입학 선물통_역자 주)'로 무장하고 있었다. 내 아이들만 예외였다. 그 문제로 이러쿵저러쿵 한 적은 없지만 아이들이 이런 사실을 의식하고 있었는지 아닌지는 모를 일이다.

내가 이런 사연을 읊어대는 이유가 무엇인지 궁금한가? 그렇다면 실토하겠다. 한 분야에 소질이 전혀 없는 사람이라면 어떻게든 다른 분야에서 이를 상쇄하려고 노력할 필요가 있다. 예를 들면 나는 천성적으로 대화하는 것을 좋아한다. 심리치료사라는 직업을 선택한 것도 이와 관련이 있고, 아이들을 양육하면서는 만들기에 투자하지 못하는 시간을 대화로 채웠다. 나는 공구나 붓, 실톱 같은 것으로 작업할 때보다 말하고 읽을 때 훨씬 자신감이 넘쳤다.

돌이켜보면 지금껏 내 아이들과 나눈 즐거운 대화, 중요한 대화들은 모두 다음과 같은 뜻밖의 말들에서 시작되었다.

- "나는 어른이 돼도 운전면허를 따지 않을 거예요. 사고를 낼까봐 겁이 나거든요."
- "너무 따분해요. 재밌는 일이 더 많았으면 좋겠어요. 범죄자들을 추격하는 비밀요원이 되고 싶어요."
- "라일라네 엄마는 웃는 모습이 참 예뻐요."
- "크리스토프 아저씨는 아이들을 싫어해요."
- "내가 그런 게 아니에요. 진저(상상 속의 존재)가 그랬다고요."

- ➡ "피터팬에 나오는 후크 선장이 되고 싶어요. 그럼 모두가 나를 무서워할 테니까."
- ➡ "나는 나중에 양탄자가 깔려 있는 오두막에 살 거예요."(우리 집에는 양탄자를 깔지 않았다.)
- ➡ "엄마, 태풍이 저 나무를 우리 집으로 쓰러트리지 않을까요?"(집 옆에 있는 플라타너스를 가리키며)

이런 예시들은 수많은 대화 가운데 극히 일부에 불과하며, 이런 대화는 나로 하여금 아이들에 관해 놀라우리만치 많은 것을 알게 해주었다. 아이들과 나눈 대화 중 어떤 것들은 이전까지 아이에 관해 전혀 몰랐던 것을 알게 해주거나 생각한 것과는 전혀 다른 말을 듣게 해준다는 점에서 매우 흥미롭다. 지금껏 눈치 채지 못한 아이의 두려움, 모험에 대한 열망, 독특한 상상 등이 그것이다. 이 모든 것을 아이의 입을 통해 듣게 된다니 생각만 해도 흥미롭지 않은가! 아이에 관해 우리가 상상하거나 기대한 것과 다른 진짜 모습을 경험한다는 게 말이다.

아이들의 아이디어나 생각을 들을 수 있다는 것은 부모에게 어마어마한 기쁨이다. 한 예로 아이가 무엇을 두려워하는지 알면 도움을 주거나 그에 대처할 수 있다. 아이가 갈망하거나 거부하는 것, 선호하는 것과 상상하는 것이 무엇인지 알면 아이에게 한 발 더 다가갈 수 있다. 특히 아이에게서 대화의 단초가 될 만한 말을 포착하는 것은 더할 나위 없이 큰 기쁨이다. 이때 우리가 할 일은 아이의 말에 귀를 기울이고 질문을 던지는 것이다.

지난 수 년 간 나는 이런 질문을 자주 받았다.

"아이에 관해 더 잘 알려면 어떻게 대화를 시작하면 좋을까요? 아이가 마음을 열게 하려면 어떻게 하면 될까요?"

아이와의 대화가 어렵게 느껴지는 부모도 많을 것이다. 여기서 말하는 대화는 "오늘 학교에서 어땠니?"와 같은 진부한 대화 이상의 대화를 의미한다. 다시 말해 아이의 내면에서 어떤 일이 벌어지고 있는지, 무엇이 아이를 움직이는지 알 수 있게 해주는 그런 대화다.

나는 좀 더 깊고 진지하게 생각을 나눌 수 있게 해주는 흥미로운 주제는 무엇인지, 이런 대화가 이루어지기 위해서는 무엇을 해야 하는지를 두고 몇몇 부모들과 고민의 시간을 가졌다.

이 책은 그 경험을 바탕으로 탄생했다. 일단은 아이들과 조직적이고 일상적인 대화가 아닌, 색다른 대화를 나눌 수 있게 해주는 질문들을 모으기로 했다. 아이의 개인적인 이야기를 알게 해주는 질문들이 그것이다. 그리고 이 질문들의 목적은 똑똑한 어른 노릇을 하기 위함이 아니라 그저 대화를 시작하기 위함이다.

나는 아이와 부모들이 놀이하듯 어울리며 교감할 수 있게 도와줄 100가지 질문을 정리했다. 여기에는 아이의 감정과 생각에 관해 좀 더 알고자 하는 것 말고는 다른 어떤 의도도 들어가지 않았다. 또한 이 질문들은 만 4~5세 아동을 대상으로 하고 있긴 하지만 청소년이나 성인과도 생각을 나눌 수 있다.

각 질문에는 대답을 적을 수 있는 공간이 마련되어 있다. 아이의 대답을 기록해두면 나중에 이 책을 일기장으로 활용할 수 있다. 아이와 나눌 대화에 관한 부모의 생각과 아이디어를 메모해두는 것도 좋다. 모든 질문에는 해당 주제의 폭을 넓혀줄 추가 질문들이 붙어 있으며, 아이와의 대화를 성공적으로 이끌어내는 데 촉진제가 되어 줄 질문들도 포함되어 있다.

고민은 여기에서 그치지 않는다. 아이와 성공적인 대화를 나누려면 어떤 태도와 대화의 기술을 활용해야 하는지, 아이로 하여금 대화에 기꺼이 참여하게 하려면 어떻게 대화를 꾸려 나가야 하는지, 나아가 바쁜 일상, 갈등 상황, 원만하지 못한 가족 관계 등 쉽지 않은 상황에서 어떻게 순조롭게 의사소통을 해나가야 할 것인지에 대해서도 다루었다.

끝으로 이 책에는 많은 아이들에게 아주 중요한 존재인 조부모에 대한 이야기도 들어 있다. 조부모와 손자, 손녀 간의 소통에서 특별한 점은 무엇일까? 이 책을 통해 질문하고 경청하는 일이 당신에게 커다란 즐거움이 되기를 기대한다.

1장

# 아이와의 대화를 위해 부모가 할 일

# 아이에게 주는 선물
# : 관심 기울이기

당신이 어린 시절에 특별히 좋아했던 대화 상대는 누구인가? 누구와 나누었던 대화가 가장 즐거운 기억으로 남아 있는가? 몇몇 어른들과 아이들에게 이 질문을 던져 보았다.

**토마스, 41세**

"제가 기억하는 가장 멋진 대화는 주방의 긴 의자에 앉아 할머니와 나누었던 대화입니다. 할머니는 늘 뜨개질거리를 무릎에 두고 앉아서 제 이야기에 귀를 기울여 주셨어요. 할머니에게는 무슨 얘기든 할 수 있었지요. 내가 무슨 얘기를 하건 시간을 내서 들어주셨거든요. 할머니에게는 언제나 제가 세상의 중심이었지요."

베아트리스, 39세

"어린 시절부터 가장 말이 잘 통하던 사람은 친구 안드레아였어요. 안드레아와는 초등학교 1학년 때부터 알고 지냈고, 그런 만큼 그 친구는 척 보기만 해도 저에 대해 다 알지요. 안드레아에게는 무슨 말이든 할 수 있고, 어떤 이야기를 해도 부끄럽지 않아요. 무슨 얘길 해도 넓은 마음으로 받아준다는 걸 아니까요."

레아, 8세

"저는 리자 이모가 우리 집에 오는 게 제일 좋아요. 이모가 오면 서커스 놀이를 하는데, 이모는 제가 서커스 단원 흉내를 내면서 묘기 부리는 걸 열심히 지켜봐요. 그리고 제가 무슨 묘기인지 설명하면 끝까지 귀를 기울여 줘요."

리누스, 11세

"저는 잠들기 전 아빠와 나누는 대화가 가장 즐거워요. 아빠에게 제 비밀을 들려줄 기회거든요. 아빠는 내 이야기에 귀를 기울이다가 아빠의 학창시절은 어땠는지 얘기해줘요. 전 이게 좋아요."

좋은 대화라는 말에서 우리는 상대방에게 관심을 갖고, 서로를 위해 시간을 내며, 서로 신뢰하는 일을 떠올린다. 이때 우리는 상대가 내게 집중하고 있음을 느낀다. 위의 두 어른과 아이의 대답만 봐도 무엇이 이들에게 멋진 대화라는 마법을 일으켰는지 알 수 있다. 세심히 주의를 기울이는 일이 바로 그것이다.

어른과 아이를 막론하고 사람은 누군가가 관심을 보여줄 때 자신이 중요하고 가치 있는 존재라고 느낀다. 사실 누구나 이런 순간을 갈망한다. 다만 잘 드러내지 않을 뿐이다. 반면에 아이들은 이를 직접적으로 표현한다. 누군가 내게 관심과 주의를 기울여 준다는 건 얼마나 기분 좋은 일인가!

가장 최근에 누군가 당신의 말에 주의를 기울이며 경청해준 적이 있는가? 언제인가? 누구와 나눈 대화였는가? 무엇에 관한 이야기였는가? 대화를 되짚으며 그때 당신의 내면에 일었던 긍정적이고 편안한 감정을 상기해보라. 상대방이 나를 중요하게 여기고 있었다는 느낌이 드는가?

많은 사람들을 만나 인사를 나눠본 경험이 있을 것이다. 살갑게 나를 대하는 모습에서 그가 진심으로 나를 반가워하고 있음을 느낄 수 있다. 반면 어떤 사람들은 나와 악수를 나누면서도 다른 아는 사람이 있는지, 나를 상대하느라 다른 뭔가를 놓치고 있는 게 아닌지 하는 눈빛을 보인다. 두리번거린다는 것은 그에게 나보다 더 중요한 사람이 있다는 신호다.

배우자나 친구와 이야기하는 중에 상대방의 전화벨이 울렸는데 그가 대화를 계속하기 위해 전화를 받지 않는다면 우리는 앞선 상황과는 다른 느낌을 받는다. 상대방이 나를 중요하게 여기고 존중한다는 느낌이다. 그 순간만큼은 나와의 대화가 그에게 최우선임을 감지할 수 있다.

일상에서 이따금 아이들에게 '지금 이 순간만큼은 네가 나에게 가장 중요한 존재이기 때문에 다른 모든 것은 잠시 미뤄둬도 괜찮아'라는 느낌을 심어주는 것은 아이뿐 아니라 우리 자신에게도 소중한 선물이 된다. 그것은 아이와 나 둘 다에게 친밀함과 안온함이라는 섬을 만들어주기 때문이다.

# 거리를 좁혀주는
# 좋은 대화

 어떤 대화가 좋은 대화인지 알게 해주는 요소는 무엇일까? 이는 우리가 대화 중에 받는 느낌에서 잘 드러난다. 특히 아이와 나누는 대화는 우리를 행복하게 만든다. 더불어 대화가 흘러가는 양상으로도 이를 판단할 수 있다. 좋은 대화는 '물 흐르듯' 이뤄진다. 우리는 대화를 통해 상대방을 알아가는 동시에 내 얘기를 들려주면서 서로에게 다가간다. 양쪽 모두에게 얘기할 기회가 주어지고, 서로가 서로의 말을 경청하는 것이 좋은 대화다.

 좋은 대화는 이처럼 서로가 서로에게 집중하는 것으로, 이 과정에서 대화의 깊이도 깊어진다. 이런 대화를 나눌 때 우리는 잡담이나 짧은 문자메시지를 보내는 것과 같은 피상적인 수준에 머물지 않고 지금 이 순간이 의미 있다는 느낌을 받는다.

사람들은 좋은 대화를 이어가는 동안 외적인 요소를 통해 유대를 확인한다. 몸이 서로를 향한 채 눈을 바라보며, 이따금 몸이 닿기도 하고, 관심을 기울이는 눈빛과 상냥한 표정, 미소 등의 신호에서 상대방에 대한 애정과 존중이 드러난다.

아이와 나눈 좋은 대화는 기억에 남으며, 부모와 아이 모두에게 감정적 의미를 형성해 관계에 긍정적인 영향을 미친다. 이로써 자녀와의 사이에 친밀감이 형성된다. 눈 내린 어느 일요일 아침 침대에서 함께 코코아를 마시며 나눈 대화가 오랜 시간이 흐른 뒤에도 생생하게 기억나는 것 또한 이 때문이다.

# 마음의 문을 여는 마법

## 기회를 이용하라

좋은 대화에는 마법의 힘이 들어 있다. 좋은 대화를 하는 당사자 사이에는 유대가 형성되며 긍정적인 에너지가 샘솟는다. 이런 대화는 의미 없이 흘러가지도, 우리를 무감정 상태로 내버려두지도 않는다.

우리는 하루하루를 꾸려 나가기 위해 아이와 수많은 대화를 나눈다.

"잘 잤니? 아침은 뭘 먹을까?"

"준비물은 잘 챙겼니?"

"오늘 국어 시험이지? 몇 시부터라고 했지?"

"오늘 숙제가 얼마나 되니?"

"혹시 오늘 오후에 약속 있니?"

대부분의 대화는 이런 식이다. 일상을 꾸려 나가려면 조율할 것도 많고, 주고받아야 할 정보도 많다. 이런 종류의 의사소통에는 뚜렷한 목적이 있다. 일상에 체계를 부여하고 모두를 하나로 묶는 것이다. 그런데 종종 생각지 못한 상황에서 좋은 대화가 탄생하곤 한다. 아이가 던지는 질문이나 무심히 하는 말이 그 단초가 될 수 있다. 아래 루카스의 얘기를 보자.

루카스는 얌전한 성격의 열한 살 소년이다. 어느 날 스포츠클럽에 가던 중 루카스가 얼마 전 돌아가신 할머니 얘기를 꺼냈다. 사실 그동안 루카스의 엄마는 아이 앞에서 죽음이라는 화제를 꺼내지 않았다. 어렸을 때 남동생을 잃은 적이 있고, 친정어머니가 돌아가시기 전에도 몇몇 친척들의 사망으로 큰 상실감을 맛본 탓이다. 이런 이유로 루카스의 엄마는 아이들 앞에서 좋지 않은 화제를 꺼내는 것을 꺼려했다.

그런데 아들이 전에 없이 죽음이라는 말을 꺼낸 것이다. 루카스의 엄마는 곧장 길가에 차를 세우고는, 자신의 슬픔에 관해 얘기하며 루카스의 질문에 답했다. 아들이 궁금한 것을 묻고 엄마가 그에 답해줌으로써 둘의 대화는 중요한 것이 되었다. 루카스의 엄마는 분위기가 침울하거나 거북하기는커녕 그 대화가 오히려 둘 사이를 더 가깝게 만들어주는 느낌을 받았다. 예상치 못한 일이었다. 루카스가 직접적으로 화제를 꺼냈을 때 질문의 범위가 넓어질 것을 알아채고 엄마가 그에 대응하면서 열린 자세로 질문을 받아들이기로 마음먹은 덕분이었다. 아이와 중요한 내적 교류를 나눌 기회임을 간파하고 이를 잘 활용한 사례라 할 수 있다.

어린아이들은 무언가를 준비하는 중에 중요한 질문을 던지는 경우가 많다. 이를테면 외출을 위해 단장을 하거나 신발을 신고 있을 때가 그렇다. 가령 다섯 살배기 딸이 이런 질문을 던질 수 있다.

"엄마, 나는 왜 깜깜한 게 무섭죠?"

"내가 죽으면 어떻게 돼요?"

"동생한테 늘 잘해줘야 하는 거예요?"

이런 질문을 들은 부모는 아이가 지금 해당 문제에 심취해 있으며, 자신과 그에 관해 대화하고 싶어 한다는 사실을 깨달을 것이다.

그러나 지금은 외출 직전이다. 그래서 대부분의 부모들은 이때 아이의 질문에 대충 대답한 뒤 나중에 다시 얘기하자고 한다. 하지만 나중이 되면 이 순간을 잊어버리기 쉽고, 생각이 난다 해도 그때는 이미 아이의 흥미가 떨어진 뒤일 것이다. 하지만 이런 상황에서 잠깐이라도 짬을 내어 아이에게 반응해줄 경우 특별한 기회가 생긴다. 5분 정도 유치원에 늦은 것은 금방 잊어버릴 일이지만 아이와 나눈 대화는 몇 주일, 몇 달이 지나도 기억에 남을 것이다.

어린 자녀와는 특히 지나간 질문을 '재생'시켜 대화를 나누기가 어렵다. 아이들은 매 순간을 사는 존재이기 때문에 당장의 궁금증을 잘 품고 있다가 나중에 시간이 났을 때 부모에게 그것을 가지고 이야기를 나누자고 할 가능성은 크지 않다. 중요한 것은 오직 지금이다. 아이가 지금 궁금해한다면 지금 대답해주는 것이 맞다.

## **감정을 이입하라**

부모라고 해서 항상 아이에게 최선을 다할 수는 없다. 이런저런 일로 스트레스를 받을 때도 많고, 종종 슬픔이 찾아오는 순간도 있기 때문이다. 본인 스스로 아이의 질문에 응하거나 걱정을 나눌 만큼 강하지 않다고 생각하는 부모도 있을 것이다. 감정의 균형을 잡지 못해 자기감정과 생각에 골몰하다 보면 아이와 교류하는 데 엄청난 에너지를 소모하게 된다.

이때는 감정의 균형을 되찾는 것이 우선이다. 스스로를 돌보고 자기욕구를 존중하는 사람만이 베풀고 배려하는 부모가 될 수 있다. 타인에게 마음을 쏟는 일은 억지로 할 때보다 내적으로 여유로운 상태에서 할 때 좀 더 수월하다. 현실적으로 내면의 균형이 무너지고 정신이 다른 데 팔려 있는 상황에서는 좋은 대화를 하기가 불가능하다. 따라서 자기감정을 명확히 하고 스트레스에서 벗어나는 데 도움이 되는 방법을 찾아야 한다.

아이의 나이와 가족의 상황에 따라 다르긴 하지만 산책이나 친구와의 대화, 음악 감상, 꾸준한 운동 등이 방법이 될 수 있다. 부모의 내면이 안정되고 균형을 이루고 있다는 것은 아이에게도 긍정적인 영향을 미친다. 물론 꾸준히 이어져 온 직장생활의 스트레스나 배우자와의 불화에서 비롯된 만성 스트레스를 단기간에 해소하기는 힘들 것이다. 그렇기 때문에 운동과 명상, 건강한 식생활, 충분한 수면을 통해 스스로를 돌보는 일이 일상이 되도록 해야 한다. 경우에 따라 심리치료사의 도움을 받는 것도 방법이다.

부모가 자기 자신을 잃지 않고 내적으로 균형 잡혀 있을수록 아이에게 공감하고 집중하며 적절히 스스로를 열어 보이는 일이 가능하다. 스스로 내적으로 균형 잡혀 있다고 느낄 때 우리는 '기분 좋은' 상태에서 아이가 던지는 문제에 대처할 힘을 얻는다.

## 마음을 다해 아이를 대하라

아이와 대화를 나누지만 머릿속으로는 딴생각을 하거나 다른 일을 구상하거나 일 생각에 가득 차 있거나 이전에 그르친 일을 아직 후회하며 고민하고 있을 수 있다. 부모이기 전에 인간인 만큼 자기 일에 더 신경이 쓰이는 것은 지극히 정상적인 일이다.

일상을 꾸려 나가고 하루하루 일정을 조율하는 일은 에너지를 백 퍼센트 쏟아 붓지 않아도 그럭저럭 해결된다. 그러나 아이와 좋은 대화를 나누기 위해서는 대화 자체, 그리고 당면한 상황에 온 마음을 기울여야 한다. 물 흐르듯 자연스러우면서 영감을 주는 대화는 그것에 온전히 마음을 쏟을 때 가능하다. 중요한 것은, 주의를 흩뜨리는 요소들을 차단하고 오직 아이와의 대화에만 집중하겠다고 다짐하는 일이다. 생각을 대화에 고정하고, 이야기를 나누는 동안만이라도 다른 생각은 미뤄둬야 한다. 머릿속으로 남은 할 일을 떠올리거나 처리하지 못한 회사 업무를 생각하지 말고 대화에 집중하라. 아이들은 부모가 자신을 향해 몸을 돌리고 관심 어린 눈빛으로 이따금씩 고개를 끄덕이며 자신의 말에 반응하는 것을 보며 부모의 관심이 온전히 자신에게 집중되어 있음을 느낀다.

이때 휴대전화는 대화를 가로막는 장애물이다. 대화를 방해받지 않으려면 휴대전화를 만지지도, 들여다보지도 말아야 한다. 가능하면 벨소리를 소거한 상태로 보이지 않는 곳에 두는 것이 좋다.

보안 소프트웨어를 생산하는 AVG 테크놀로지AVG Technologies 사가 가족 생활에 미치는 휴대전화의 영향력을 조사하기 위해 온라인 설문을 실시한 적이 있다. 독일, 프랑스, 영국, 체코, 미국, 오스트레일리아, 캐나다, 뉴질랜드, 브라질의 부모와 8~13세에 이르는 아이들이 설문에 참여했다.(총 참가자 수는 6,117명이었다). 질문에 응한 아이들 중 3분의 1은 부모가 자신들과 무언가를 하는 시간이 휴대전화를 만지는 시간과 비슷하거나 심지어 적다고 대답했으며, 절반(54%) 가량은 부모가 휴대전화를 지나치게 자주 들여다본다고 말했다. 나쁜 전자기기 사용 습관 사례를 꼽는 질문에도 36%의 아이들이 부모가 대화 도중 휴대전화에 집중하는 것을 선택했다. 이 중 32%는 부모가 자신을 중요하게 여기지 않는다는 느낌을 받았다고 말했다. 참고로 이 연구에서 자녀가 휴대전화 사용 비중을 줄였으면 좋겠다고 대답한 부모도 25%에 이른다. 부모 중 3분의 1(28%) 정도는 휴대전화 사용과 관련해 자신이 아이들에게 좋은 본보기가 되지 못하고 있음을 인정했다.

내가 무언가를 이야기하는데 친구(또는 상대)가 끊임없이 휴대전화를 만지작거리고 있으면 그가 나와 내 얘기를 대수롭지 않게 여기고 있다는 느낌이 들 것이다. 이런 일을 당하고 나면 그에 대한 감정이 예전 같지 않아지고, 자연스럽게 거리를 두게 된다. 둘 사이의 관계나 우정을 중요하게 여긴다면 나중에라도 그의 행동을 지적하겠지만 그렇지 않을 경우 상대에게 마음을 닫는 편을 택하곤 한다.

부모의 약점을 지적하는 것은 자녀의 의무가 아니다. 아이들은 대화 중에 수용되고 존중받지 못한다고 느끼면 한 발 물러난다. 오로지 부모가 자신을 인지하고, 봐주고, 자신의 얘기를 들어준다고 느낄 때만 마음의 문을 연다.

호기심 역시 내적 수용을 이끌어내는 요소다. 아이들은 스스럼없이 호기심을 드러내고, 관심 있는 것에 열광한다. 그런 점에서 호기심은 강렬하다. 하지만 아이들과 반대로 부모들 중에는 호기심 자체가 결핍되어 있는 경우가 많다. 흥미진진한 대화는 뭐니 뭐니 해도 부모가 호기심에 사로잡혔을 때 이루어진다. 지금 무슨 의미로 이런 말을 하는 거지? 이 말 뒤에 숨은 의도는 무엇이지? 왜 지금 이 얘길 꺼내는 거지?

호기심은 문제의 근원을 파헤치도록 우리를 독려한다. 아이를 진정 이해하고자 하는 욕구가 그것이다. 하지만 호기심은 억지로 이끌어낼 수 없다. 사람의 관심 분야는 저마다 다르고, 호기심 역시 다양한 분야에서 유발되기 때문이다. 예를 들어 취미로 전자음악을 듣는 사람은 그것에 열정을 품고 스스로 음악을 만들어보고 싶어 할 수 있다. 나비에 관심이 많은 사람은 나비의 생애와 종류에 호기심을 품을 것이다. 그러나 이 두 사람이 상대방의 관심 분야에 대해 그만큼의 열정을 품을 수는 없을 것이다.

한편 세상에는 다른 사람에게 호기심을 품는 사람들도 있다. 이들은 누군가와 대화하는 일을 무척이나 즐긴다. 이들은 특정 주제에 관한 대화보다는 현재 눈앞에 있는 상대방에 대한 이해를 더 중요하게 생각하기 때문에 이들에게 대화 내용이 무엇인지는 큰 문제가 아니다. 또 상대방에게 매우 큰 흥미를 표하기 때문에 이런 사람들은 대체로 선호되는 대화 상대다.

당신의 호기심을 깨우는 것, 즉 당신이 마음에 품고 있는 관심 분야를 잠시 떠올려보라. 그러면 그것이 당신의 내면에서 일으키는 에너지를 느낄 수 있을 것이다. 아이와의 대화에서 이런 에너지에 불을 붙일 수 있다면 그 대화의 강렬함도 달라진다. 주의를 기울여 나누는 다정하고 애정 어린 대화와 여기에 약간의 호기심까지 더해진 대화에는 차이가 있다. 호기심은 이해하고자 하는 욕구를 낳는다. 호기심을 품을 때 우리는 마음을 열게 된다. 더불어 무언가를 알아가는 과정에서 기쁨도 얻는다. 그저 의무감 때문에 나누는 대화가 아니라는 사실은 나와 상대방 모두에게 결정적인 차이를 부여한다.

나는 다양한 상황에서 수많은 대화를 나누며 대화가 '물 흐르듯' 흘러간다고 느껴지는 순간에 일종의 내적 변환기를 작동시켰다. 다시 말해, 상대에게 호기심을 품기로 마음먹은 것이다. 내가 상대에게 마음을 달리하면 상대도 나에 대한 마음을 달리한다. 한때 나는 지극히 흥미로운 대화에서조차 '이 사람과는 말이 통하지 않을 것 같은데……'라고 생각한 적이 많다. 순전히 내 마음가짐에 달린 문제였음을 이제는 안다. 호기심을 품고 상대방을 보려고 하면 대화의 주제는 저절로 모습을 드러낸다. 다름 아닌 상대방이 그 주제다.

상대방이 나를 진심으로 이해하려고 한다는 느낌은 아이뿐만 아니라 누구에게나 자신의 가치가 존중받는다는 느낌을 준다. 이에 더하여 상대방이 단순히 예의나 형식적으로 대화를 이어가는 게 아니라 나를 이해하는 데서 진정 즐거움을 느끼고 있다는 걸 깨닫는다면 대화의 깊이와 친밀도는 한층 강해진다.

## 신뢰를 형성하라

아이와의 친밀감은 조건 없이 열린 태도로 아이를 대할 때 탄생한다. 아이가 마음을 열고 대화를 나누고자 하는 데서 우리에 대한 깊은 신뢰를 느낄 수 있다.

> "나는 엄마를 믿기 때문에 아무에게도 얘기하지 않는 비밀까지 엄마에게 털어놓아요. 엄마가 나를 야단치거나 내 비밀을 다른 사람에게 말하지 않을 거란 걸 알거든요."
> 
> 피아, 10세

아이들은 믿을 수 있다는 확신이 들 때 부모에게 자신의 이야기를 털어놓는다. 속마음을 온전히 털어놓으며 자신이 빠져 있는 일, 자신에게 기쁨을 주는 일, 그리고 고민을 이야기한다. 신뢰는 단순한 공식에 의해 만들어지는 것이 아니라 다양한 요소들의 복합적인 작용으로 형성된다. 우리는 행동을 통해 신뢰를 형성할 수 있다.

- 우리가 수용적이고 적극적인 태도로 아이의 관심사에 반응할 때 아이는 현재 자신의 고민이나 가장 필요한 것 또는 바라는 것에 관해 상의할 수 있는 '접점'을 찾았다고 믿는다. 반면에 여러 차례 다가가도 '들어'주지 않거나 대화에 '응해'주지 않을 때 아이는 부모에게 도움을 기대할 수 없다고 판단, 고민이나 기대를 털어놓지 않는다.

열 살의 니클라스는 아빠가 아무리 바빠도 휴대전화 창에 자신의 번호가 뜨면 하던 일을 멈추고 전화를 받는다는 사실을 알고 있다. 나름 중요한 일로 아빠의 조언이 필요한 상황에서 두 번이나 이런 경험을 했기 때문이다. 아빠가 긴 시간을 내주지 못했음에도 니클라스는 자신이 '어려운 상황'에 처했을 때 든든한 지원군이 되어줄 것이라는 믿음은 가질 수 있었다.

- 아이의 문제에 대해 부모가 건설적으로 반응할 때, 다시 말해 적극적인 자세로 함께 해결책을 찾으려 할 때 아이는 부모가 조력자라는 믿음을 갖는다.

여덟 살 레아는 학교에서 친구들과 끊임없이 마찰을 빚고 있다. 친구들을 화나게 만든 만큼 자신에게도 책임이 있다는 사실을 알고 있다. 하지만 엄마에게 그런 얘기를 하기는 두렵다.

어느 날, 레아는 용기 내어 마음을 털어놓았고, 엄마는 예상과 달리 레아를 야단치는 대신 친구들과 잘 지낼 수 있는 방법을 함께 고민해주었다. 레아는 그날 날아갈 듯 기뻤다.

- 부모가 성실함을 증명해보일 때, 즉 한 번 말한 것을 지킬 때 아이는 부모를 믿을 만한 대화 상대로 간주한다.

열다섯 살 안토니오는 형편없는 학교 성적 때문에 엄마와 끊임없이 마찰을 빚다가 결국 완전히 마음을 닫았다. 엄마는 안토니오가 동생과 놀아주고 받은 용돈, 크리스마스에 받은 돈, 그동안 모은 용돈으로 컴퓨터를 사도 좋다고 여러 번 약속했지만 다투기만 하면 그 말을 번번이 취소했다. 급기야 엄마의 말을 신뢰할 수 없게 된 안토니오는 엄마와의 대화가 더 이상 의미 없다는 결론을 내렸다.

- 아이 앞에서 솔직한 태도를 보이고, 속임수를 쓰거나 거짓말을 하지 않으며, 아이가 털어놓은 비밀을 간직해줄 때 아이는 부모의 말을 신뢰한다.

열네 살 카밀라의 아빠는 딸이 엄마와 싸우는 중에 마구 화내며 날뛰는 모습을 휴대전화로 몰래 촬영했다. 나중에 이 사실을 알게 된 카밀라는 아빠에게 큰 배신감을 느꼈고, 이후로 아빠를 신뢰할 수 없게 되었다. '몰카' 사건 이후 아빠는 딸과의 관계 회복을 위해 이런저런 노력을 했지만 마음이 크게 상해버린 카밀라는 응하지 않았다.

> ✪ 아이의 말을 다정한 태도로 받아들이면 아이는 고민거리가 생겼을 때 부모를 상담자로 생각하게 된다. 반대로 평가하거나 폄훼하는 태도, 나무라는 태도로 반응하면 고민이나 급한 일이 생겼을 때 다른 사람을 찾을 것이다.

호텔 리조트에서 휴가를 보내던 아홉 살 야스민이 급한 표정으로 엄마를 향해 달려왔다. 호텔에 딸린 놀이터에서 여동생과 놀던 중 야스민이 다른 여자아이 앞으로 끼어드는 바람에 다른 아이가 미끄럼틀에서 떨어졌고, 상대 아이의 아빠가 야스민을 한 대 때렸다는 것이다.

엄마를 본 야스민은 1초도 망설이지 않고 방금 전 자신에게 일어난 일을 엄마에게 말했다. 엄마가 자신을 안아주며 위로해줄 거란 사실을 알고 있었기 때문이다. 자신이 '잘못'을 저질렀음에도 엄마가 자신을 나무라기 전에 먼저 보호해줄 거란 굳은 믿음 덕분이었다. 엄마가 평소에 이런 상황에서 "그러게 왜 새치기를 했니?"라고 나무랐다면 야스민은 이렇게 행동하지 않았을 것이다.

## 열린 태도로 음하라

사람들은 자기 말에 열린 태도로 반응해주는 상대를 좋아한다. 예컨대 모든 일에 소극적이고 부정적인 요소부터 찾아내는 동료, 안정을 지나치게 추구하는 나머지 변화를 꺼리는 친구는 아무리 친하다 한들 대화 상대로는 적합하지 않다.

열린 태도와 열정을 지닌 상대방을 찾으려고 하는 마음은 누구나 같을 것이다. 하지만 아이들, 특히 청소년은 부모가 대체로 열린 태도를 취하지 않는다고 느낀다.

### 라리사, 14세

"저는 제 꿈이 무엇인지 부모님께 얘기하지 않아요. 그분들은 고정관념이 너무 강해서 말해봐야 귀담아 듣지 않으시거든요. 그분들과 얘기하는 건 시간 낭비일 뿐이에요."

### 벤, 17세

"저희 부모님은 '기발한' 생각이라고는 할 줄 몰라요. 머릿속으로 무언가를 상상하는 법도 모르죠. 그래도 아빠는 엄마보다 나아요. 엄마는 모든 걸 현실적으로만 생각하시거든요."

부모로 살다 보면 자기도 모르게 아이에게 충고를 늘어놓거나 평가하는 습관이 생긴다. 대부분의 경우에는 이것이 큰 문제가 되지 않는다. 부모는 아이가 중요한 결정을 내릴 때 명확한 태도를 취하는 것이 자신의 임무이자 도리라고 생각하기 때문이다. 그러나 부모로서의 책임이라는 '껍데기'에 집착한 나머지 아이의 모든 행동에 평가와 조언을 하려다가 꽤나 흥미로울 수도 있는 대화의 싹을 잘라버리는 경우가 많다. 아이와 함께 상상의 나래를 펼칠 수 있는 주제라든지, 실현 여부를 떠나 아이가 자신의 꿈에 관해 이야기할 수 있는 기회도 그렇게 날아간다. 이 책의 3부에 실린 100가지 질문에는 현실적이지만은 않은 소망을 담은 질문들도 포함되어 있다.

'너는 어디에 살고 싶니?', '네가 꿈꾸는 집은 어떤 모습이니?', '누구와 하루를 보내고 싶니?', '순간이동을 할 수 있다면 어디로 가고 싶니?' 이런 질문들을 주고받을 때 실현 가능성을 염두에 두거나 반드시 실현시키겠다는 목적을 두지는 마라. 아이로 하여금 자기를 표현하고, 자신의 특성을 보다 구체적으로 정의하며, 자신이 소망하는 것과 좋아하는 것을 부모에게 보여주는 것만으로도 충분하다.

어느 여름 날 산책길에 유치원 나들이를 나온 한 무리의 아이들과 마주쳤을 때, 나는 다섯 살 정도 되어 보이는 남자아이와 보육교사의 대화를 듣게 되었다. 아이가 들뜬 기색으로 말하고 있었다.

"그리고 엄청나게 큰 정원에 동물들이 아주 많은 큰 집을 갖고 싶어요."

하지만 보육교사의 표정은 달랐다. 천진난만하고 쾌활한 꼬마와 대비되는 현실적인 어른의 모습 그대로였다.

"그런 집을 어떻게 사니? 돈은 어디에서 구하고?"

아이는 여전히 들떠 있지만 조금 전보다는 한풀 흥이 꺾인 목소리로 대답했다.

"제가 벌면 되죠."

그 말에 보육교사는 조금 전보다 더 무뚝뚝하게 말했다.

"큰 집은 아주 비싸고, 넓은 정원도 아주 비싸고, 동물들도 아주 비싸. 그걸 다 사려면 돈을 아주, 아주, 아주 많이 벌어야 하거든. 그 돈을 어떻게 벌 건데?"

그 말에 아이는 혼란스러운 표정으로 "잘 모르겠어요…."라고 대답했고, 대화도 거기서 끝나 버렸다.

물론 보육교사는 아이에게 현실을 알려주기 위한 의도였을 것이다. 하지만 이런 대화에서 중요한 것은 실현 여부를 따지는 것이 아니라 아이가 상상의 나래를 펼칠 수 있게 도와주는 것이다. 어린아이들은 어른처럼 현실에 맞추어 기능할 필요가 없다. 그저 꿈을 꾸고 기분 좋은 상상만 하면 된다. 굳이 알려주지 않아도 청소년기가 되면 세상을 알기 시작한다. 그리고 조금 다른 관점에서 보면, 꿈을 꾼다는 것은 자신을 뛰어넘어 날개를 펼치고 성장할 수 있게 해준다는 점에서 어른에게도 유익하다. 아이들의 꿈을 현실이라는 이름으로 막는다면 아이들은 이 꼬마처럼 입을 다물어버릴 것이다.

## '딱지 붙이기'는 금물

부모만큼 내 아이에 대해 잘 아는 사람은 없다. 부모는 아이가 뱃속에 있을 때부터 사랑하기 시작하여, 태어난 뒤로는 아이에게서 눈을 떼지 않으며, 날마다 아이를 보며 기뻐한다. 눈썹을 깜빡이거나 콧잔등을 찡그리는 습관, 언제 미소를 짓는지, 어떤 음식을 좋아하는지, 잘 때 어떤 투정을 부리는지, 좋아하는 옷과 장난감은 무엇인지는 물론이고 기분과 컨디션에 따라 어떤 행동을 보이는지 아이에 대한 모든 것을 알고 있다. 그렇지 않은가? 아마 많은 사람들이 그렇다고 동의할 것이다.

이렇듯 우리는 꽤나 자신하면서 타인에 관한 고정된 상을 만들어낸다. 물질적인 것뿐만 아니라 사고에도 질서를 부여하기 위해 우리는 온갖 것을 분류해 넣을 서랍을 마련한다. 심지어 자신도 모르게 아이들을 특정한 범주로 분류해 넣기도 한다.

"열두 살 먹은 우리 큰아이는 수를 자유자재로 다루는 타고난 사업가예요. 둘째는 예술가죠. 자기 세계에 빠져 살고 수학에는 영 젬병이거든요."

한 남성이 내게 두 아들의 성향에 관해 한 말이다. 내가 열 살 먹은 둘째에게 아빠의 생각에 동의하느냐고 묻자 아이는 말없이 어깨를 으쓱했다.

부모들은 이처럼 아이에게 '딱지'를 붙이곤 한다. 레고로 멋진 모형을 잘 만들어내는 아들이 건축가가 될 것이라 장담하고, 다른 사람 흉내를 잘 내는 딸아이가 틀림없이 배우가 될 것이라고 확신한다. 성격에 관해서도 예외가 아니라서 야스퍼는 겁이 많다느니, 레오는 대담하다느니, 에밀

리아는 야심가라느니 등의 표현을 서슴없이 쓴다.

　유년기에 붙여진 딱지를 떼어내느라 수십 년을 고군분투하는 사람들을 많이 보았다. 어떤 직업을 갖게 될 것이라던 주변의 믿음을 실현시키기 위해 애쓰는 사람도 있었고, 자신에게 정의된 성격적 특성이 옳았다거나 혹은 그 반대임을 증명하려고 애쓰는 사람도 있었다.


　스물한 살 청년 파스칼은 아주 어린 시절부터 부모에게 변호사감이라는 말을 듣고 자랐다. 하지만 그는 네 학기를 법학 공부에 매달린 끝에야 자신이 변호사가 되고 싶지 않다는 사실을 깨달았고, 결국 공부를 포기했다. 아버지가 늘 자랑스럽게 이야기했듯이 '재능'은 타고났을지 모르지만 자신이 원하는 길은 아니었음을 자각한 것이다. 자신이 진짜 원하는 것이 무엇인지 알아내는 것이 앞으로 파스칼이 풀어야 할 숙제였다. 그 정도로 부모의 바람에 조종당하며 살아왔다는 뜻이기도 했다.

　어린 시절 영리하고 언변이 뛰어나다는 칭찬이 반가웠던 이유는 운동신경이 뛰어나 각종 대회에서 메달을 휩쓸어오는 형처럼 될 수 없었던 까닭이다. 그의 자의식은 오랜 세월 부모의 평가라는 양분을 먹고 자랐다. 친척들이 모인 자리에서 그가 멋들어지게 축사를 하고 나면 아버지는 자랑스러운 표정으로 "저 애는 언젠가 변호사가 될 거야."라고 말했다. 학부모 상담에서도 파스칼의 선생님들은 같은 말을 했다. 그리고 어느새 파스칼은 법학을 전공하는 학생이 되어 있었다. 법학이 아니면 무얼 한단 말인가?

이렇게 우리는 긍정적이든 부정적이든 '말'로 딱지를 붙인다. 딱지는 자녀들을 분류하고, 한계를 짓고, 지시하고, 다른 가능성을 내어주지 않으며, 부모의 기대와 소망을 투영시킨다. 딱지 붙이기의 이면에는 특정한 태도가 숨어 있는데, 부모가 자녀에 대해 품고 있는 고정관념이 바로 그것이다. 오랫동안 귀에 못이 박히도록 이것을 듣고 자란 아이는 부모가 규정한 자신의 모습을 내면 깊숙이 새긴다. 아이와 대화할 때 딱지를 붙이지 않아야 할 이유가 여기에 있다.

말은 현실을 만들어내고, 우리가 한 말들은 아이의 인지에 큰 영향을 미친다. 열린 마음으로 아이를 대하고, 아이가 보내는 신호에 바로 어떤 딱지를 붙이려 하지 마라. 그보다는 객관적으로 관찰하고 인지하기 위해 노력하라. 물론 타고난 기질적 특성도 있을 것이다. 하지만 아이들은 성장하며 여러 단계를 거친다. 아이가 가진 잠재력과 변화의 가능성을 인정해주어야 한다.

집에 온 손님에게 인사하지 않고 뒤로 숨는 일곱 살배기 아이에게 "아이고, 우리 안나는 겁쟁이 토끼인가봐."라고 말하고, 아이가 말없이 돌아서서 나가 버리는데도 반응하지 않는 부모가 있다고 하자. 이 부모는 아이에게 '겁쟁이 토끼'라는 딱지를 붙이고, 그 역할에 가뒀다. 반대로 아이의 손을 잡고 손님에게 소개시키며 용기를 북돋워줬다면? 아이가 소심한 성격을 극복하는 데 아주 조금이라도 도움이 됐을 것이다. 아이의 두려움을 인지하되 '딱지'를 붙이기보다는 아이가 필요로 하는 것을 지원하는 것이 먼저다.

'딱지'에는 기본적으로 긍정적인 것과 부정적인 것 두 가지가 있다. 긍정적인 딱지에는 현재와 미래에 대한 기대가 담겨 있다. "너는 경찰관이 될 거야." "너는 유능한 변호사가 될 거야." "너는 유명한 가수가 될 거야." "너는 타고난 테니스 선수야." "너는 피아노 천재야." 같은 표현이 그렇다. 반대로 부정적인 딱지는 아무리 애정에서 우러나왔다고 해도 아이의 자의식을 짓밟는다. "애는 공부벌레는 못 된다니까." "넌 숫자에 관해서는 영 젬병이구나." "넌 죽었다 깨어나도 운동선수는 될 수 없을 거야." 와 같은 말들이다.

긍정적인 암시를 할 때 우리는 아이에게 기대하는 능력에 초점을 맞춘다. 이는 직업 선택에 대한 바람일 수도 있고, 스포츠나 음악 같은 특정 분야의 재능과 관련된 것일 수도 있다. 아이에게 붙이는 긍정적인 딱지의 이면에는 사실 부모 자신의 소망이 숨어 있기도 하다. 다시 말해, 부모의 소망에 아이를 묶는 셈이다. 그 결과 우리는 아이가 기대에 부응했을 때만 아이를 인정해주는 표현을 하거나 애정을 보인다. 이런 태도는 말에서 쉽게 드러난다. 스스로를 한 번 돌아보라. 혹시 당신도 아이에게 '딱지'를 붙이고 있지는 않은가? "너는 언젠가 무엇이 될 거야."라는 말을 자주 하는가? '타고난 테니스 선수'라든지 '피아노 천재' 같은 역할을 아이에게 부여하고 있지는 않은가? 과연 부모가 원하는 방향으로 성장하는 것이 진정 아이가 원하는 것일까? 그렇지 않을 경우 아이는 자신의 욕구와 맞지 않는 삶을 살게 되며, 이는 결과적으로 아이의 삶을 불행하게 만든다. 그보다는 이렇게 말해주는 것이 어떨까?

"표현력도 좋고 토론을 좋아하고 정치적인 주제에 관심이 많은 걸 보니 너는 정치가가 될 수도 있을 것 같아. 물론 너도 이 직업에 관심이 있다는 전제 하에 말이야."

이렇게 하면, 이 말이 부모의 판단일 뿐 "너는 언젠가 정치가가 될 거야."처럼 실현해야 할 예언이 아님을 명확히 할 수 있다. 나아가 아이에게 자신의 의견을 피력할 기회를 줄 수도 있다. 이 과정에서 아이의 생각을 알게 되고, 부모의 판단이 아이의 마음과 일치하는지도 점검할 수 있다. 경우에 따라 아이에게 특정 직업을 콕 집어 말해주는 것이 아이의 자의식을 고취시키는 촉매제가 될 수도 있을 것이다. 하지만 그것이 진실인 양 같은 말을 반복하다 보면 딱지가 움직일 수 없는 필연으로 자리 잡는다. 그러면 아이는 부모의 믿음을 반드시 실현시켜야 한다는 의무감을 품게 된다. 문제는 이를 촉발시킨 것이 아이가 아닌 부모의 기대와 바람이라는 것이다.

외동인 마리엘라는 부모의 기쁨이었다. 딸의 음악적 재능을 자랑스럽게 여긴 아버지는 일찍부터 사람들 앞에서 노래를 부르게 했고, 집에 손님이 올 때마다 노래 부를 것을 강요했다. 쏟아지는 박수 소리를 들으며 아버지는 마리엘라가 커서 유명한 오페라 가수가 될 거라고 믿어 의심치 않았다.

그는 누가 묻기만 하면 이 말을 했다. 묻지 않아도 마찬가지였다. 부모가 음악을 무척 좋아했기 때문에 마리엘라는 어렸을 때부터 부모님과 클

래식이나 오페라 공연을 관람하러 다녔다. 엄마가 예쁘게 꾸며준 덕에 이 귀여운 소녀는 공연장에서도 눈에 띄었다. 다른 관객들의 칭찬을 받는 것은 당연한 일이었다.

마리엘라는 피아노와 노래 수업을 받았고, 십대 때는 밴드에 들어가 노래를 부르기도 했다. 그러나 시간이 갈수록 음악을 진로로 선택하기엔 자신의 재능이 부족하다는 것을 느꼈고, 마리엘라는 결국 솔로가수가 되려던 꿈을 접고 경제학을 전공으로 선택했다. 그리고 졸업 후 한 회사에 입사했다.

성인이 되고 나선 자신이 유명한 오페라 가수가 되기를 바라는 아버지로부터 거리를 두었지만 유명해져야 한다는 강박은 여전했다. 결국 자신이 일하는 분야에서 사람들 앞에 설 기회를 적극적으로 찾았고, 강연을 마친 뒤에 사람들의 박수를 받는 일을 즐기게 되었다.

하지만 마리엘라는 박수를 받을 때만 자신이 가치 있다고 느꼈다. 어린 시절 아버지가 자신을 자랑스럽게 소개하며 사람들 앞에서 노래를 부르라고 독려했던 것이 원인이었다. 그 뒤에 따라오는 박수는 마리엘라에게 '너는 가치 있는 존재야'라는 의미였다.

마리엘라의 자존감은 '너는 유명한 오페라 가수가 될 거야'라는 아버지의 딱지와 그에 따라붙는 박수를 먹고 자라났다. 마리엘라는 박수를 받지 못하면 자신이 가치 없는 존재라는 느낌이 든다고 털어놓았다. 딸을 세상 누구보다 사랑했던 마리엘라의 아버지가 붙여 놓은 '딱지'의 결과였다.

부모가 기대하는 모습이 아닌 있는 그대로 아이를 사랑한다는 느낌을 줄 때 아이의 자존감이 자라난다. 심리학자이자 비폭력대화Nonviolent Communication, NVC의 창시자인 마셜 B. 로젠버그Marshall B. Rosenberg 박사는《자애로운 자녀 양육Raising Children Compassionately》이라는 저서에서 아들 브렛이 네 살이었을 때의 이야기를 털어놓았다. "아빠가 왜 너를 사랑하는지 알고 있니?"라는 질문에 아이는 이렇게 대답했다.

"제가 이제 아기 변기를 혼자 화장실에 가져다둘 수 있어서요?"

아들의 대답을 들은 아빠는 안타까운 마음으로 말했다.

"네가 그 일을 할 줄 알게 된 건 좋은 일이지만, 그것 때문에 내가 너를 사랑하는 건 아니란다."

아들이 재차 말했다.

"그러면 제가 밥 먹을 때 음식을 바닥에 던지지 않아서요?"

로젠버그 박사가 또다시 대답했다.

"물론 그것도 좋은 일이지. 하지만 그것도 내가 너를 사랑하는 이유는 아니야."

그리고 마침내 아빠는 아들에게 답을 들려주었다.

"내가 너를 사랑하는 단 한 가지 이유는, 그저 네가 너이기 때문이야!"

이 말에 아이의 얼굴이 환해지더니 이후 이틀 동안 틈만 나면 아빠에게 달려와 이렇게 말했다.

"아빠는 내가 그냥 나라서 사랑하는 거죠? 아빠, 아빠는 그냥 내가 나인 게 좋은 거예요."

부모가 자신도 모르게 아이에게 걸고 있는 기대에 따라 한정된 사랑과 인정을 주고 있는 것은 아닐까? 부모의 마음가짐은 자녀와의 대화에서 드러난다. 부모는 스스로가 열린 마음으로 아이를 대하고 있는지, 아이가 느끼고 생각하는 것에 진심으로 관심을 품고 있는지, 아이와 대화하면서 은연중에 딱지를 붙이고 있는 것은 아닌지 점검해봐야 한다. 열린 마음으로 대화에 임한다는 것이 무엇인지는 적극적 경청을 다룬 다음 장에서 설명할 것이다.

부모로서 우리는 아이에게 부정적인 딱지를 붙이지 않도록 주의해야 한다. 아이들은 여러 성장 단계를 거치며, 다양한 순간에 다양한 도움을 필요로 한다. 익숙하지 않은 것에 집착하는 일은 누구에게도 도움이 되지 않는다. 이런저런 딱지를 붙이는 대신 아이를 힘들게 하는 약점을 극복할 수 있게 도와주거나 발전하는 모습을 칭찬해주라. 부정적인 딱지를 붙이는 부모는 자신의 아이를 다른 아이와 비교한다. 반대로 그런 관점을 버리고 강점과 약점을 포함한 아이의 모든 것을 있는 그대로 받아들이고자 노력하는 부모는 아이의 조력자가 된다. 아이와 진심 어린 대화를 나누고 싶다면 이처럼 열린 태도와 존중하는 태도를 보일 필요가 있다.

아이의 특성에 관해 지나치게 포괄적이고 광범위한 딱지를 붙이는 데 집착하는 부모는 열린 태도로 아이를 대할 수 없을뿐더러 아이를 특정한 방향으로 끌어가게 된다. 물론 부모라면 내 아이에게 무엇이 좋고 나쁜가에 관한 생각 정도는 하는 게 당연하며, 그에 관해 대화도 나누어야 한다. 그러나 아이를 자신의 바람이나 평가에 끼워 맞추는 것은 아이에게 도움이 되지 않는다. 이때 부모에게는 나름의 견해나 판단과는 별개로 아이가 전하는 메시지를 열린 태도로 수용하는 기술이 요구된다. 딱지 붙이기는 상호간의 소통을 종료시키는 것과 다름없다. 부모의 평가를 일방적으로 전달할 뿐 자녀의 욕구에 귀를 기울이지는 않기 때문이다.

위대한 교육학자 마리아 몬테소리Maria Montessori에 따르면 아이의 주변 사람들이 해야 할 일은 아이를 빚어내는 것이 아니라 아이가 자신을 드러내도록 허락해주는 일이다. 아이가 자신을 드러내도록 하려면, 다시 말해 자신이 생각하고 느끼고 좋아하는 것, 자신을 괴롭히는 것, 자신이 꿈꾸는 것을 내보이게끔 만들려면 부모는 무엇을 해야 할까? 아이를 침묵하게 만들지 않는 방법은 무엇일까?

# 적극적 경청

　자녀들과 진솔한 대화를 나누고자 하는 부모는 아이가 무엇을 생각하고 무엇을 느끼는지를 궁금해한다. 그러는 동시에 아이가 마음을 닫아버려 무슨 생각을 하는지 알 수 없게 될까봐 두려워한다. 하지만 그보다 더 두려운 일은 아이에게 걱정이나 위기가 있는지조차 모르고 지나치는 것이다.

　인본주의 심리학자 칼 로저스Carl Rogers는 특수한 경청 형태라 할 수 있는 적극적 경청의 기술을 고안해 대화의 심리학에 활용했다. 이 요법은 치료자가 피상담자를 수용하고 감정을 이입하여 피상담자의 자기수용을 강화하는 방법이다. 이 과정에서 피상담자는 경청하는 상대방에게 이해받고 있다는 느낌을 받는다. 토머스 고든Thomas Gordeon은 이 기술을 부모상담에 도입했는데, 그의 저서 《부모 역할 훈련Parent Effectiveness Training》

에 그 내용이 자세히 소개되어 있다. 고든에 따르면 부모들은 적극적 경청을 통해 아이가 생각과 감정을 표현하도록 독려할 수 있다. 소극적으로 경청할 경우 아이는 침묵하며 다른 사람의 말을 듣기만 한다. 주의 깊은 시선과 적극적인 끄덕임 등의 신체 언어로 관심을 표시할 때 아이들은 상대가 자신을 수용하고 있다고 여긴다.

적극적으로 경청하는 부모는 침묵하지 않고 아이들이 무엇을 느끼는지, 어떤 메시지를 전하고자 하는지를 이해하려고 노력한다. 그리고 이해한 것을 자신의 언어로 정리해 피드백한다. 이때 중요한 것은 객관적인 말이 아니라 그 속에 담긴 감정이다. 부모는 말에 담긴 핵심 감정을 파악하기 위해 주의를 기울이고, 아이의 메시지를 어떻게 이해했는지 신호를 통해 알려야 한다. 여기에는 특별한 태도가 요구된다. 섬세함과 공감 능력을 지닌 부모라면 아이가 메시지를 통해 표현하려고 하는 것을 이해할 수 있을 것이다. 아이 입장이 되어 아이의 눈으로 세상을 바라볼 때 우리는 아이가 느끼는 것을 인지할 수 있다. 아이가 느끼는 것, 의도하는 것을 이해하기 위해서는 '말의 틈새'를 놓치지 말아야 한다. 여기에는 열린 마음으로 수용하는 태도, 그리고 아이가 표현하려는 것을 진심으로 이해하려는 마음이 필요하다.

아이에게 피드백을 할 때는 자신이 이해한 것의 범위에만 내용을 한정시켜야 한다. 충고나 평가를 덧붙여서는 안 된다. 피드백의 목적은 아이의 감정과 생각을 이해했으며, 지금은 아이가 피력한 것이 중요하다는 사실을 알려주는 데 있다. 부모가 그것에 관해 어떻게 생각하는지는 중요치 않다. 이렇게 하면 아이는 부모에게 받아들여졌다고 느낀다. 이해한 것을 피드백하는 과정에서 우리는 아이의 메시지가 가진 의미와 그 뒤에 숨은 감정을 제대로 이해했는지 확인할 수 있다. 그 뒤에 따라오는 아이의 반응을 보면 이를 알 수 있다.

아이에게 감정을 이입하고, 평가를 배제한 채 이해한 것을 정리하면 아이를 더 깊이 볼 수 있다. 이로써 우리는 아이로 하여금 스스로 문제의 해결책을 찾도록 만들 수 있다.

✦

열 살 에파가 잔뜩 화가 난 표정으로 들어와 말한다.
"안나가 너무 싫어요. 그 애는 리자하고만 놀고 나랑은 놀아주지 않아요."
부모는 이럴 때 다음과 같이 반응할 것이다.

- "친구가 안나만 있는 것도 아닌데, 다른 친구를 찾으면 되잖니."-이때 부모는 아이에게 충고를 하고 있다.
- "우리 귀염둥이, 그런 일은 금방 지나간단다. 내일 학교에 가면 달라져 있을걸."-이런 말로 아이의 고민을 축소한다.
- "예전부터 느꼈지만 안나는 좋은 친구가 아닌 것 같아."-이는 부모의 평가다.

부모는 이처럼 선의의 말로 아이를 도우려 한다. 이렇게 하면 아이의 마음이 풀어질 거라 생각한 것이다. 하지만 이렇게 반응하는 어른들은 아이에게 감정을 이입할 수 없다. 결과적으로 아이는 부모가 자신을 이해하지 못한다고 느끼며, 스스로 해결책을 고민할 기회도 갖지 못한다. 부모가 아이를 유도하는 태도는 아이로 하여금 자기감정을 털어놓지 못하게 만들고, 결국 대화의 걸림돌로 작용한다. 부모의 유도는 아이가 아닌 부모의 마음과 관련 있기 때문이다.

부모는 아이의 내면을 짓누르는 감정들을 그냥 두고 보지 못한다. 그래서 곧장 충고나 자신의 생각을 전달함으로써 아이를 부정적인 감정의 늪에서 끌어내려 한다. 바로 이때 우리는 결정적인 대화의 단계, 즉 아이의 감정을 인정하는 단계를 건너뛰고 만다. '네 마음도 이해하고 네 고민이 뭔지도 알아'라는 신호를 보냄으로써 우리는 아이에게 공감하고 수용할 수 있다. 그제야 아이는 받아들여졌다고 느낀다. 그리고 이 느낌을 발판 삼아 마음을 열고 고민을 털어놓게 된다. 적극적 경청에서는 아이의 감정을 먼저 파악한 뒤에 아이에게 피드백을 전달한다.

**에파:** "안나가 너무 싫어요. 그 애는 리자하고만 놀고 나랑은 놀아주지 않아요."

**아빠:** "안나가 너를 따돌리고 소외시킨다고 느끼는 모양이구나. 그래서 화가 난 거고. 맞니?"

이 말에 에파는 지금 아빠가 자신의 감정을 이해하고 받아주고 있다고 느낄 것이다. 이 대화는 다음과 같이 건설적인 방향으로 발전할 가능성이 있다.

**에파**: "맞아요. 안나가 저와 놀아주지 않으면 제가 마치 공기가 된 기분이 들어요."

**아빠**: "안나에게 네가 존재하지 않는 것처럼 느껴진다는 말이구나. 사실은 친한 친구인데 말이지."

**에파**: "그렇다니까요! 친구라면 항상 함께여야 하잖아요. 그리고 그동안은 안나와 잘 지내왔단 말예요. 그런데 리자가 끼어들어 안나를 빼앗아 버렸어요."

**아빠**: "안나와 리자가 저희끼리만 놀아서 안나와 네 우정이 끝났다고 생각해 슬픈 모양이구나."

**에파**: "네…… 아니, 그 정도까진 아닐지도 몰라요. 둘 다하고 친하게 지내도록 노력해봐야겠어요."

아빠는 대화가 이어지는 내내 딸의 이야기에 적극적으로 귀를 기울임으로써 딸이 자기 생각을 이야기하고 감정을 솔직하게 표현할 기회를 주고 있다. 딸은 자신의 감정을 투영해주는 아빠에게 이해받고 받아들여지고 있다고 느낀다. 그리고 대화 끝에 문제에 대처하는 법을 스스로 생각해냈다.

적극적 경청을 통해 부모는 자녀에게 문제 해결 능력이 있음을 믿는다는 신호를 보낸다. 그래서 아이의 생각을 투영하는 문장은 대개 '너'로 시작된다. 충동을 이기지 못하고 섣불리 조언부터 건네면 아이는 부모가 자신의 문제 해결 능력을 신뢰하지 않는다고 여긴다. 충고식 대화에서는 부모의 생각이 앞서기 때문에 아이 스스로 해결책을 찾을 여지도 주어지지 않는다.

고든이 이야기했다시피 아이는 부모의 적극적 경청만으로도 스스로 해결책을 찾아낼 수 있다. 부모가 자신을 받아들여준다고 느끼면 때로는 돌파구가 없는 상황에서도 겸허히 받아들인다. 적극적 경청은 또한 아이가 먼저 부모의 의견을 묻거나 제안을 받아들이는 방향으로 이어지기도 한다. 물론 이 기술이 언제나 효과를 발휘하는 것은 아니다. 그러나 이때도 아이는 자기감정을 피력할 기회를 얻음으로써 부모에게 받아들여지고 있다는 느낌을 받는다는 점에는 변함이 없다. 이런 느낌을 받은 아이는 나중에라도 스스로 해결책을 찾거나 자연스럽게 부정적인 감정을 털어낸다.

✦

아이가 유년기를 지나며 부정적인 감정에 휩싸이거나 실망감을 느끼는 것은 자연스러운 일이다. 성장 과정의 일부이기 때문이다. 하지만 부모 입장에서는 아이가 이런 감정을 느끼지 않도록 보호하고 싶을 것이다.

딸의 가장 친한 친구가 다른 친구와 더 친해졌을 때 딸이 느끼는 서운함, 간절히 들어가고 싶어 하던 축구부 가입을 거절당했을 때 아들이 느끼는 실망감, 난생 처음 수학여행을 앞두고 느끼는 두려움 등 열거하자면 끝이 없다.

부모는 아이가 자신과 분리된 독립적인 존재라는 사실을 받아들이는 일이 어렵기만 하다. 사실 자연스런 감정이다. 그러나 부모는 아이의 인생길을 함께 걷고 지지하는 역할을 할 뿐 공생 관계를 맺는 것은 아니다. 부모라고 해서 아이가 느끼는 나쁜 감정을 없애줄 수 없으며, 아이에게 난관이 닥칠 때마다 해결책을 들이밀어서도 안 된다. 부모가 할 수 있는 일은 적극적 경청을 통해 아이 스스로 해결책을 찾도록 도와주는 것이다. 장기적으로는 이것이 아이의 자신감을 강화하고 자기효능감을 경험하게 해준다.

부모가 진심으로 자신을 이해해준다고 느낄 때 아이는 안전감과 신뢰감을 얻는다. 이는 성인도 마찬가지다. 상대방에게 이해받는다고 느낄 때 마음을 열고 상대방의 말에 귀를 기울인다. 반대로 이해받지 못한다고 느낄 때는 한 걸음 물러서거나 상대방의 말에 큰 가치를 두지 않는다. 어차피 그도 나를 이해하지 못하니 말이다. 예외로, 객관적 정보를 전달할 때는 적극적 경청이 큰 의미가 없다. 예를 들어 "여름방학이 언제부터예요?"라는 아이의 질문에 "방학이 언제 시작되는지 궁금한 모양이구나."라는 식의 피드백을 줄 필요는 없다.

# 자신의 대화 태도를 점검하라

**조작**

토머스 고든은 적극적 경청에서 우리가 저지를 수 있는 실수에 관해서도 설명했다. 적극적 경청을 조작 수단으로 이용하는 것이 그중 하나다. 다시 말해 아이를 교묘히 원하는 방향으로 유도하기 위해 적극적 경청을 활용해서는 안 된다. 이 경우 앞서 언급한 아빠와 딸의 대화는 이렇게 흘러갔을 것이다.

에파: "안나가 너무 싫어요. 그 애는 리자하고만 놀고 나랑은 놀아주지 않아요."

아빠: "안나가 요즘 너보다 리자하고 더 많이 놀아서 안나에게 화가 난 모양이구나."-아빠는 대화를 특정한 방향으로 유도하는 피드백을 보내고 있다.

에파: "아니, 그게 아니에요! 안나가 리자하고만 놀고 나랑은 놀지 않는다니까요. 안나하고는 이제 아무것도 하고 싶지 않아요."

이 대화에서 아빠는 딸이 느끼는 문제점을 축소하려고 하면서('리자하고만'이 아닌 '요즘', '리자하고 더 많이 놀아서'라고 말하고 있는 점) 친구와 화해해야 한다는 방향으로 대화를 유도하고 있다. 이에 안나는 아빠가 자신의 말을 제대로 이해하지 못했다고 느끼고 이를 확실히 지적한다.('아니, 그게 아니에요!') 아빠가 계속해서 자신이 의도한 방향으로 대화를 유도할 경우 딸은 자신의 감정이 아빠에게 제대로 이해받지 못했다는 느낌을 받게 될 것이다.

**아빠**: "에파, 진정하렴. 너희 둘은 아주 친한 사이잖니. 안나한테 가서 우리 집에 놀러오라고 해보렴."
**에파**: "아빠는 저를 이해 못해요. 저는 안나가 너무 싫다고요."

아빠 입장에선 좋은 의도에서 한 말이겠지만 이런 조작 시도는 신뢰를 주는 대화의 기회를 날려 버렸다. 딸과 유익한 대화를 나누고 싶었다면 아빠는 자신이 대화를 원하는 방향으로 유도하려 했음을 깨닫고 태도를 바꿨어야 한다.

### 오해

토머스 고든이 말했듯이 부모가 자녀의 메시지를 잘못 이해하는 일도 종종 벌어진다. 이런 경우에는 대화가 잘못된 방향으로 빠진다. 아이의 반응에서 이를 알아챌 수 있다. 아빠가 적극적 경청의 기술을 써서 딸에게 다가가 에파의 이의("아니, 그게 아니에요! 안나가 리자하고만 놀고 나랑은 놀지 않는다니까요.")를 제대로 이해했다면 딸은 자신이 받아들여졌다고 느끼고 자신의 감정을 계속 얘기할 것이다.

**에파:** "안나가 너무 싫어요. 그 애는 리자하고만 놀고 나랑은 놀아주지 않아요."

**아빠:** "안나가 요즘 너보다 리자하고 더 많이 놀아서 안나에게 화가 난 모양이구나."-아빠는 딸의 말을 제대로 이해하지 못한 채 피드백을 보내고 있다.

**에파:** "아니, 그게 아니에요! 안나가 리자하고만 놀고 나랑은 놀지 않는다니까요. 안나하고는 이제 아무것도 하고 싶지 않아요."-딸은 이의를 제기하며, 다시 한 번 사실 관계를 설명한다.

**아빠:** "아, 리자에게 단단히 화가 났다는 뜻이었구나?"-여기서는 적극적 경청이 공감이 담긴 피드백을 가능하게 만들었다.

**에파:** "맞아요. 안나가 저와 놀아주지 않으면 마치 제가 공기가 된 기분이 들어요."

이제 대화는 첫 번째 예시에서 설명한 대로 적극적 경청을 매개로 지속될 수 있다.

### 무의미한 반복

아이가 전달하는 메시지의 '무의미한 반복'도 적극적 경청을 잘못 활용한 경우다. 이때 부모는 아이의 감정을 투영시키지 않고 그저 아이의 말을 앵무새처럼 반복하기만 한다.

**아들**: "학교 다니는 게 힘들고 답답해요. 학교에 다니지 않아도 된다면 얼마나 좋을까요."

**아빠**(대답1-무의미한 반복): "학교 다니는 게 힘들어서 학교에 다니고 싶지 않다는 거구나."

**아빠**(대답2-아들의 감정을 이해하고 투영시킨 피드백): "학교 때문에 스트레스를 많이 받아서 자유시간이 더 많았으면 하는 모양이구나."

감정을 투영시킴으로써 우리는 아이의 자기인식을 강화하고(특정한 방향으로 대화를 유도하는 일 없이), 아이 스스로 문제 해결을 위한 아이디어를 떠올리도록 도울 수 있다. 그러면 아이는 스트레스나 부담에 대처하고 이를 덜 수 있는 방법을 스스로 고민하게 될 것이다.

### 일관성 유지하기

순조롭게 시작된 아이와의 대화가 갑자기 틀어지는 경우가 종종 발생한다. 왜일까? 토머스 고든은 부모가 '문을 열었다가 도로 닫아버리기' 때문이라고 지적한다.

부모들은 처음에는 아이의 말에 적극적으로 귀를 기울이며 아이가 무슨 고민을 하고 있는지 찾으려 한다. 그러나 이내 아이가 하는 말이 못마땅하게 들린다. 그러면 자기도 모르게 태도를 바꾸어 자신의 생각을 피력하고 아이에게 충고를 하려 든다. 다음 사례를 살펴보자.

**레나:** "이번 대회는 힘들 거 같아요. 일요일까지 순서를 완전히 익힐 수 있을지 모르겠어요."

**엄마:** "일요일에 있을 체조대회 때문에 긴장한 모양이구나?"-적극적 경청의 자세로 공감의 피드백을 가능하게 하고 있다.

**레나:** "네, 좋지 않은 결과가 나올까봐 긴장돼요."

**엄마:** "진정하렴. 등록까지 마쳤는데 해야지 어쩌겠니."

엄마의 마지막 말은 그가 적극적으로 경청하며 딸에게 감정을 이입하기보다는 자신의 관점에서 딸이 해야 할 행동을 이야기하고 있음을 보여준다. 공감하며 반응하는 게 아니라 딸이 어떻게 대처해야 하는지에 관해 자기 생각만 피력하는 셈이다.

안타깝게도 부모들은 자녀에게 이러저러하게 행동하라고 가르쳐주는 것이 자신들의 임무라고 생각하는 모양이다. 말로는 돕기 위해서라고 하지만 이런 방식으로는 아이 스스로 옳다고 여기는 해결책을 찾는 데 도움이 되지 않는다.

엄마가 딸의 두려움을 대수롭지 않게 받아들인 탓에 레나는 자신의 불안감을 표현할 기회도, 상황에 대응하기 위한 해결책을 스스로 찾아낼 기회도 얻지 못한다. 근심을 마음껏 털어놓도록 내버려두었다면 레나가 먼저 엄마에게 조언을 구했을지도 모른다. 엄마는 좋은 의도로 한 조언이겠지만 대화가 이루어진 시점에 아이가 두려움에 대처하는 데 그것이 도움이 되었는지는 의문이다.

## 존중받고자 하는
## 청소년의 욕구

청소년이 부모나 가족에게 거리를 두고 강한 거부 행동을 보이는 이유는 대개 부모에게 받아들여지거나 이해받지 못한다고 느끼기 때문이다. 특히 이 시기에는 독립심이 발달하여 부모로부터 분리를 시도하곤 한다. 청소년 자녀들은 지금 자신이 갖추고자 하는 인격을 찾아 나서는 중이다. 이런 탐색 과정이 이따금 매우 고되고 절망스러울 수 있다는 사실은 청소년기를 겪어 본 사람이라면 누구나 알 것이다.

이때 청소년 자녀들의 의견에 열린 자세를 취하는 대신 경직된 신념에서 나온 조언과 평가를 던지는 부모가 있다. 이 역시 애정에서 우러난 행동이기는 하지만 부모의 이런 반응에 자녀들은 마음의 문을 닫아 버린다. 나름의 입지를 다지고자 하는 청소년에게는 어느 정도 부모의 열린 태도가 필요하다. 적극적으로 경청하고 관심을 표하며 애정 어린 태도로 자녀의 생각과 감정에 귀를 기울인다면 아이들 역시 부모에게 마음을 열고 자신이 몰두하는 문제에 관해 털어놓으려고 할 것이다.

이 말을 부모의 입지를 포기해야 한다는 의미로 해석해서는 안 된다. 그보다는 청소년 자녀에게 자기표현의 기회와 나름의 입지를 시험해볼 기회를 부여한다고 생각하라. 고개를 절레절레 흔들며 시작부터 아이의 생각을 부정하는 것이 아니라 경청하고 공감함으로써 자녀의 생각을 존중한다는 신호를 보내는 것이다.

청소년들은 대개 불안정하다. 아이에서 어른으로 가는, 아이도 어른도 아닌 존재이기 때문이다. 아이 스스로 더 이상 어린아이로 취급받고 싶어 하지 않는 시기인 만큼 아이를 존중해야 한다. 아이의 말을 경청한다는 것은 결국 존중한다는 의미다.

> 엄마는 저를 어린 남동생과 똑같이 취급해요. 엄마가 제 입장을 존중해준다는 느낌이 들지 않아요. 제 말을 전혀 듣지 않아요. 그럼 저도 하고 싶은 대로 하는 게 당연하잖아요. 엄마가 제 말에 귀를 기울이지 않으니 저도 엄마 말을 들을 이유가 없어요.
> 
> **토비아스, 16세**

사실 열린 자세로 공감하는 태도를 유지하는 것은 쉽지 않은 일이며, 대화에서도 성공보다는 실패하는 경우가 더 많다. 이는 부모가 새로운 형태의 의사소통에 익숙해져야 한다는 의미이기도 하다.

부모 입장에서는 자신의 의견과 조언을 덮어두는 일이 익숙지 않을 것이다. 가끔 자신이 우스꽝스럽다는 기분도 들 것이다. 그럼에도 반드시 시도해보라고 권하고 싶다. 놀라운 결과를 얻을 것이다. 나 역시 이 방식으로 아이들과 훌륭히 소통할 수 있음을 깨달았다. 사실 처음에는 아이들이 나를 이상한 눈길로 보면 어쩌나 싶어 두려웠다. 내가 주도하는 대화에 익숙해져 있던 탓이다. 그러나 우려했던 반응은 나오지 않았다. 아이들이 속내를 털어놓는 기분 좋은 변화가 일어났을 뿐이다. 나는 큰아들이 열한 살이었을 때 나눈 즐거운 대화를 아직까지 기억하고 있다.

어느 일요일 아침, 침대에서 신문을 읽고 있는데 아이가 들어와 이렇게 말했다.

"뉴욕에서 살고 싶어요."

나는 왜 그런 생각이 들었는지 묻고 싶은 충동을 억누르며 아이의 말을 반복해 피드백했다.

"뉴욕으로 이사를 가고 싶다는 뜻이니?"

아이는 그렇다고 대답했다. 그러고는 우리가 사는 곳이 마음에 들지 않는 이유, 대도시에서 살기를 꿈꾸는 이유를 설명했다. 좀 더 재미있고 모험적인 삶을 꿈꾸는 아이에게 현재의 일상은 단조롭고 답답하다는 것이었다.

그날의 대화를 통해 나는 아이에 관해 그동안 몰랐던 많은 것을 알게 되었다. 나는 아이의 한 마디 한 마디에 귀를 기울이며 아이의 감정을 투영시켜 보여주기 위해 노력했다. 어떤 평가나 조언도 하지 않았다. 이렇게 자연스럽게 흘러간 대화는 30분이 넘도록 이어졌다. 감동적이고 인상적인 경험이었다.

대화에 성공할 수 있었던 비결은 나를 내세우지 않은 데 있었다. 나는 오로지 아들이 하고 싶은 이야기를 할 수 있도록 독려할 때만 입을 열었다. 대화를 이끌어가는 사람은 아이였다. 흥미로운 점은, 내가 한 발 물러서 있는 것을 낯설고 이상하게 느낀 사람이 나뿐이었다는 점이다. 아들은 내 태도를 전혀 개의치 않았을 뿐더러 그 덕분에 자신의 생각을 마음껏 이야기해도 된다는 느낌을 받았다.

## 아이가 집중하고 있는 문제를 파악하라

적극적 경청은 자녀들이 고민거리를 털어놓을 때 특히 적합하다. 아니, 아이가 딱히 부정적인 감정이나 문제로 고민하는 것 같지 않을 때도 도움이 된다. 자녀들이 바라는 것을 언급할 때 주로 그렇다. 여행을 가고 싶어 하는 딸아이와 엄마의 이야기를 들어보자.

안네: "프랑스로 여행을 가고 싶어요."

이때 부모는 즉흥적으로 떠오르는 생각(멀다, 비싸다, 붐빈다)을 일단 덮어두고 아이의 말에서 이해한 것으로만 피드백한다.

엄마: "프랑스로 여행을 가고 싶다고?"
안네: "네. 알렉사와 크리스티나는 해외여행을 자주 다녀요. 전 그렇지 않잖아요. 저도 친구들이 여행 얘기를 할 때 끼고 싶어요."
엄마: "친구들이 방학 때 여행 다녀온 이야기를 하면 소외감이 드는 모양이구나."
안네: "네, 맞아요. 그런데 알렉사와 크리스티나도 프랑스는 아직 안 가봤대요. 그래서 내가 프랑스 여행 얘기를 하면 걔들도 끼어들지 못할 거예요."
엄마: "네 친구들도 소외되는 그 기분을 느껴봤으면 하는 거구나."

안네: "맞아요. 그런데 생각해보면 프랑스는 재미없을 거 같기도 해요. 저는 조랑말을 탈 수 있는 시골 할머니 댁에 가는 게 훨씬 좋거든요."

    이 대화에서 엄마는 프랑스 여행을 가고 싶다는 딸의 바람 뒤에 어떤 감정이 숨어 있는지 적극적 경청을 통해 파악한다. 그리고 딸이 자신의 이야기를 모두 털어놓을 수 있도록 허용해줌으로써 아이의 진짜 바람은 프랑스 여행이 아닌 시골 할머니 댁에 가는 것이라는 사실도 알아낸다.

    하지만 모든 대화의 이면에 항상 숨은 동기가 있는 것은 아니다. 사실 안나의 진짜 속마음은 프랑스에 가서 특별 요리를 먹거나 프랑스어 연습을 하고 싶은 것이었을 수도 있다. 어쨌거나 묵묵히 들어준 덕에 엄마는 딸의 의도를 알아차릴 수 있었다. 만약 그렇지 않고 자신의 의견을 말했다면 둘의 대화는 전혀 다른 방향으로 흘러갔을 것이다.

안네: "프랑스로 여행을 가고 싶어요."
엄마: "프랑스? 거긴 너무 멀어서 어렵단다."-엄마는 딸의 바람에 대해 평가를 내리고 있다.
안네: "그렇게 멀지 않아요. 여기서 비행기로 파리까지 두 시간도 안 걸리는걸요."
엄마: "아이들 넷을 데리고 비행기를 타려면 너무 비싸, 너도 알잖니."-엄마는 이제 논리적인 주장을 펼친다.
안네: (한숨을 쉬며): "네, 네, 알아요, 엄마."

위의 대화에서 엄마는 여행 가능성에 대한 평가를 덧붙임으로써 대화의 흐름을 꺾어 버렸고, 딸 역시 자신이 느끼는 소외감에 관해 이야기할 기회를 얻지 못했다. 자녀가 보내는 메시지를 통해 알아낸 것을 아이에게 재전달하는 것은 아이가 심취해 있는 문제에 관해 좀 더 이야기할 수 있는 여지를 주는 일종의 초대와 같다. 이 방법은 '프랑스로 여행을 가고 싶다'는 말에 그저 '왜?'라고 묻는 것보다 친근하게 느껴진다.

아마도 대부분의 부모들은 하루에도 수차례 아이의 말에 '왜?'냐고 물을 것이다. 그런데 '왜?'라는 말에는 관심의 의미가 포함되어 있긴 하지만 공감은 결핍되어 있다. '왜?'는 목적에 초점을 맞춘 질문이지 아이의 감정과 대면하게 해주는 질문은 아니기 때문이다.

부모들에게 항상 적극적 경청에 임할 수 있는 집중력과 인내심, 그리고 시간적 여유가 있는 것은 아니다. 이는 지극히 정상적인 일이며, 이때는 대화의 초점이 목적에 맞춰질 수밖에 없다. 그러나 아이들의 말에 적극적으로 귀를 기울이는 일이 많아질수록 아이와 교류할 때, 그리고 일상에서 이처럼 유익한 대화가 자연스럽게 이어질 것이다.

# 대화를 위한
# 시간과 장소

## 대화를 하루 일과에
## 포함시켜라

예상치 못한 상황에 자녀와 교감할 수 있는 귀한 순간이 찾아오는 경우가 있다. 이처럼 뜻밖에 맞이하는 멋진 순간들은 우리 삶을 풍요롭게 만든다. 물론 이런 기회는 아주 드물다. 따라서 대화를 통해 아이와 연결고리를 맺기 위해서는 그것을 위한 시간을 계획하는 것이 좋다. 이 말을 듣고 한 아빠는 어리둥절한 표정으로 내게 "아이와 일정을 잡으라고요?"라고 되묻기도 했다. 맞다, 바로 그거다. 아이와 함께 운동을 하거나 병원에 가는 것이 아니라 아이와 교감하기 위한 시간을 잡으라는 의미다.

많은 시간이 아니어도 된다. 매일 15분쯤 시간을 내어 둘만의 대화를 나누는 것으로 충분하다. 이때는 휴대폰 없이, 그리고 다른 어떤 것으로부터도 방해받지 않고 오로지 아이에게 초점을 맞춰야 한다. 물론 시간제한이 없다면 더 깊고 풍부한 교감을 나눌 수 있을 것이다. 그러나 팍팍한 일상에서 이렇게 하기란 쉬운 일이 아니다. 가장 좋은 방법은 날마다 의식처럼 이를 실천하는 것이다. 자녀가 아직 어리다면 아이를 재우는 시간을 둘만의 시간으로 활용할 수도 있다. 아이들은 부모가 재워주는 동안 자신이 하고 싶은 말을 하는 경우가 많다. 불이 꺼지고 조용한 분위기에서 아이는 유치원에서 있었던 일, 그날 있었던 특별한 일들을 털어놓을 것이다.

그런데 많은 부모들이 이 좋은 기회를 활용하지 못한다. 아이를 재우고 피곤한 하루를 조금이라도 빨리 마무리하고 싶어서일 수도 있고, 아이를 재운 뒤 해야 할 일들에 마음을 빼앗겨서일 수도 있다. 침대에서 아이와 나누는 대화 시간을 하나의 의식으로 만드는 일은 매우 중요하다. 또 아이가 튼 대화의 물꼬를 함께 이어가며 그것이 유발하는 친밀감을 누리는 일은 부모에게도 큰 기쁨이다.

함께 누워 재워줄 나이가 지난 아이라면 하루 일과 중 집중적인 대화를 나눌 만한 시간을 정해서 함께하면 된다. 그 적합한 시간대가 언제인지는 각자의 상황에 따라 다르겠지만 대개는 잠자리에 들기 전 하루를 마무리하는 시간이 될 것이다. 경우에 따라 하루가 막 시작되어 아직 차분한 분위기가 흐트러지지 않은 아침식사 전이 될 수도 있다. 언제가 됐든 둘만의 시간을 갖는다는 것 자체가 중요하다.

베아트리스는 두 아이의 엄마다. 에너지 넘치고 쉴 새 없이 종알거리며 끊임없이 엄마의 관심을 필요로 하는 네 살배기 노아와 내성적인 열 살 남자아이 알렉산더. 베아트리스는 언제부턴가 자신이 큰아들 알렉산더에게 충분히 신경을 쓰고 있지 못하며, 대화를 나누는 시간도 적다고 생각했다. 둘째 노아를 재우는 시간이 너무 긴 것도 하나의 이유였다. 작은아이가 잠들고 나면 그다지 까다롭지 않은 큰아이가 알아서 혼자 잘 준비를 하는 게 고마운 한편 미안했다.

어느 날, 베아트리스는 결심했다. 일주일에 두 번 평소보다 20분 일찍 일어나 따뜻한 우유 한 잔을 준비하여 알렉산더에게 가서 '수다 시간'을 갖기로 마음먹은 것이다. 둘 다 타고난 아침형 인간은 아니었지만 함께하는 시간은 즐겁고 행복했다. 대화를 나누는 동안 베아트리스는 마침내 예전처럼 알렉산더의 내면을 채운 생각들을 엿볼 수 있게 되었다는 느낌을 받았다.

내성적인 아이들은 다른 아이에 비해 대화를 시작하기까지 더 많은 주의와 차분한 분위기를 필요로 한다. 그래서 대화 기회를 만들기 위해서는 부모의 더 큰 신경과 관심이 필요하다. 물론 아이 쪽에서도 열린 마음으로 기꺼이 대화에 임할 준비가 되어 있어야 한다. 부모는 상대적으로 여유 있는 오후에 아이와 산책을 하며 편하게 대화를 나누고 싶은데 아이는 그 시간에 레고 조립을 마저 끝내고 싶을 수 있다. 이때 아이의 계획을 바꾸도록 설득할 수도 있지만 좋은 방법은 아니다. 자발성 없는 대화는 의미가 없기 때문이다. 그래서 때로는 아이의 마음이 바뀔 때까지 대화를 미루는 편이 낫다.

남자 아이들은 특히 단 둘이 마주앉은 상황에서 의욕적으로 대화에 임하는 일이 드물다. 교육학자 라인하르트 빈터Reinhard Winter는 자신의 저서 《남아 사용설명서Jungen. Eine Gebrauchsanweisung》에서 이렇게 기술했다.

"남자아이들과 가벼운 대화를 나누는 일이 쉽지 않다면 이들이 뭔가를 하는 중이거나 끝마쳤을 때 대화를 시도해보라. 남자아이들은 무언가를 하면서 비로소 말문이 터지는 경우가 많다.'

가령 주말이나 공휴일에 가족끼리 자전거 투어나 만들기, 요리하기 등의 여가 활동을 계획 중이라면 이때가 아이와 대화할 수 있는 좋은 기회가 될 수 있다.

## 대화도 분위기를 탄다

대화의 분위기는 말의 어조나 목소리, 시선, 자세, 몸짓, 경청 정도, 표현 등을 통해 형성된다. 이런 요소들은 당사자의 성격과 긴밀히 맞물려 있으며, 환경적 요소 또한 대화의 흐름에 영향을 미친다.

좋은 대화를 나누는 것은 언제 어디서든 가능하다. 당사자들의 의지만 있다면 북적이는 지하철 안에서도 즐거운 대화가 가능하다. 그런데 매일 잠자리에 들기 전 의식을 치르듯 꾸준히 대화를 계획한다면 훨씬 나은 분위기 속에서 대화를 이어나갈 수 있다. 이때는 향초를 켜두거나 조용한 음악을 틀어도 좋고, 잠이 잘 오게 하는 차를 준비하거나 이 시간을 위해 특별히 마련한 부드러운 담요를 덮는 것도 좋다. 이를 통해 지금 이 순간이 특별함을 강조하고, 지금 이 순간을 소중히 여긴다는 것을 아이에게 보여줄 수 있다. 이처럼 오감을 자극하면 내적 교류를 이끌어내기가 한결 쉬워진다.

특히 어린 아이들은 의식을 매우 좋아한다. 일상에서 벗어나 특별한 순간을 마련해주는 것만으로도 아이들은 기뻐한다. 아이들과 소풍을 가서 나무 아래에 돗자리를 펴고 앉아 느긋하게 오후의 여유를 즐기는 것도 그중 하나다. 평소에는 가지 않던 정원이나 공원에 가서 휴식을 취하는 것도 좋다. 동굴을 만들어 아이와 그 안으로 '이사'를 해보는 것도 재미있는 방법이다. 별 것 아닌 것 같지만 아이들은 이런 의식에서 기쁨을 느낀다.

이렇듯 평범한 일상을 특별한 순간으로 만들 수 있는 방법은 많다. 아이들은 동굴을 만들거나 소풍을 가는 것처럼 단순히 외적인 환경을 꾸미는 것보다 부모가 공동의 삶에 특별한 에너지를 불어넣어 주는 순간을 더 잘 감지한다. 이 과정에서 부모가 자신과의 관계를 소중하게 여기고 있음을 느끼는 것이다. 이렇게 특별한 분위기를 도구 삼아 아이에게 온전히 집중하면 특별한 대화를 꽃피울 수 있는 가능성도 커진다. 그리고 이런 마법 같은 순간들은 이 책의 3장에 실린 놀이와 같은 질문을 주고받을 기회로도 적합하다.

## 대화하는 문화

몇 년 전부터 가족의 외식 풍경에서 자주 보이는 장면이 있다. 어른은 어른들끼리 대화를 나누고, 아이들은 스마트폰이나 아이패드, 게임기 같은 전자기기에 몰두해 있는 모습이다. 심지어 유아용 의자에 앉아 있는 어린아이도 손에 전자기기를 쥐고 있다. 이것만으로도 부모는 여유로운 식사를 보장받고, 또 어른들끼리의 즐거운 대화가 가능해진다.

가족이 식탁에 모여 함께 식사하는 것은 가족 구성원이 느긋하고 자연스럽게 교류할 수 있는 최고의 기회다. 게다가 외식을 하면 요리하고 상차리는 시간을 줄일 수 있기 때문에 집에서 식사할 때보다 더 여유로운 시간을 보낼 수 있다. 그런 의미에서 가족이 함께 식사를 하고 대화를 나누는 것은 가족 간의 결속력을 다지는 일이다.

안타깝게도 가족의 식사 자리에서 어린 자녀에게 전자기기를 쥐어주는 것은 '네가 대화에 끼든 말든 관심 없으니 방해하지 말라'는 신호를 주는 것이나 다름없다. 친구나 지인을 만날 때도 마찬가지다. 나를 위해 시간을 내는 일과 피할 수 없는 육아 사이에서 고민하며 우리는 이런 수단을 이용한다. 오랜만에 만난 친구와 즐거운 대화를 나누고 싶은 마음, 아이가 휴대폰으로 게임을 하거나 유튜브 보는 것을 눈감아주는 마음은 충분히 이해한다. 그리고 가끔은 부모도 그런 여유를 누릴 권리가 있다. 문제는 전자기기의 사용과 더불어 전반적인 대화 문화가 점점 변하고 있다는 데 있다.

대화 중간에 자신의 SNS 계정을 확인하거나 '셀카'를 찍어 곧바로 올리는 것 등 수 년 전만 해도 상상도 못했을 일들이 요즘 젊은 세대들에게는 아무렇지 않은 일이 되어 버렸다. 하지만 어느 정도 나이가 있는 사람에게는 이런 행동들이 마냥 좋아 보이지만은 않는다. 경우에 따라 무례하다고 생각되는 경우도 많다.

물론 이것이 무례한 행동인지 아닌지는 사람마다 의견이 다를 것이다. 하지만 갑작스럽게 끊겨 버리는 의사소통이 깊이 있는 대화라는 느낌을 주지 못하는 것은 사실이다. 이런 형태의 대화에는 진심으로 둘만의 시간에 임하는 태도도, 상대방에게 초점을 맞추는 태도도 결여되어 있기 때문이다. 타인에게 관심이 없는 만큼 상대방에게 공감하는 것도 불가능하다. 특히 따뜻함과 친밀함, 내밀함이 필요한 부모-자식 간의 관계를 가꾸는 데는 더더욱 적합하지 않다. 다시 한번 강조하건대, 상대에게 마음을 기울이고 진심으로 대화에 임할 때 깊이 있는 대화가 이루어진다는 사실을 아이들이 배울 수 있도록 해주어라.

언젠가 우울증을 앓는 소년의 엄마와 대화를 나누다가 가족의 식사 시간에 대해 물은 적이 있다. 아이의 엄마는 가족이 다 함께 식사를 하지 않는다고 대답했다. 아침에는 집을 나서는 시간이 제각각 다른 탓에 따로 식사를 하고, 점심시간에는 각자 직장이나 학교에서 먹기 때문이었다. 저녁에도 부모 중 한 명은 거실 텔레비전 앞에 혼자 앉아 저녁을 먹는데, 한 명은 아직 퇴근조차 하지 않은 상황일 때가 많았다. 아이 역시 자기 방에서 혼자 텔레비전을 보며 저녁을 먹는다고 했다. 이 가족에게는 텔레비전을 보며 나누는 수동적인 대화가 전부였고, 일상적인 소통 이상의 교감과 대화가 들어올 자리는 없었다.

언어는 사회적 존재인 인간의 구성 요소다. 언어는 적극적으로 장려되어야 하며, 아이들은 말로 자기를 표현하는 법, 다른 사람과 교류하는 기쁨을 배워야 한다. 말을 하고, 언어를 통해 사회적 존재가 된다는 것이 인간의 특징이다. 그런 점에서 가족이 함께하는 식사는 대화의 여지를 만들어주는 좋은 기회이며, 이렇게 둘러앉아 식사하는 과정에서 일상의 여유가 되돌아온다.

덴마크의 가족치료사 예스퍼 율Jesper Juul은 《밥상머리의 행복한 기적 Smil Vi skal spise. Boernefamiliens maltider》에서 가족이 함께하는 식사의 다양한 면면을 다루며 이렇게 서술했다.

"이야기를 나누려면 시간과 세심한 주의가 요구되는데, 모든 가족에게 그런 여유가 있는 것은 아니다. 그러나 생기로운 대화 문화를 허용하는 가족에게는 그 보상이 돌아올 것이다."

> 나는 매일 저녁 요리하는 것이 즐겁다. 직접 만든 따뜻한 음식이 모두에게 기쁨을 주기 때문이다. 하지만 그보다 더 큰 가치는 가족 모두가 식탁 앞에 모여 도란도란 이야기를 나누게 만드는 데 있다. 식사 시간은 곧 대화의 시간이며, 나는 이때 가족들의 일에 관해 알게 된다.
>
> **리카르다, 네 아이의 엄마**

1장 아이와의 대화를 위해 부모가 할 일

함께 식사하는 동안 실제로 대화가 이루어지려면 흐름이 끊기지 않아야 한다. 한 번에 바꿀 수는 없겠지만 대화하는 시간만큼은 휴대폰을 치워두길 바란다. 가장 좋은 방법은 모두의 휴대폰을 식탁에서 멀리 떨어진 곳에 두는 것이다. 중요한 회의가 있을 때 업무에 집중하기 위해 휴대폰을 무음으로 설정해두는 것과 마찬가지다. 가족과의 시간을 업무만큼 중요하게 여기라는 의미다.

대화에 집중하다 보면 적극적이고 열정적인 의사소통이 가능해진다. 그리고 이것은 가족만의 대화 문화를 형성한다. 이 시간을 멋지게 꾸미는 일도 중요하다. 식탁을 예쁘게 장식하고 함께 촛불을 켜고 다 같이 요리를 하는 과정에서 아이들은 대화가 즐겁고 중요한 것이며, 자신들의 참여가 가치 있는 일임을 깨닫는다.

# 부모가 가르쳐주는 진정 어린 대화법

    부모는 자녀를 양육하며 의사소통하는 법을 가르친다. '인사는 상냥하게 해라', '다른 사람과 이야기할 때는 눈을 보아라', '또박또박 이야기해라', '상대의 말을 들을 때는 귀를 기울여라'라고 말하며 예절과 배려의 의미를 설명한다.

    말뿐만 아니라 행동을 통해서도 자녀를 양육한다. 그리고 이런 부모의 행동은 아이에게 영향력을 발휘한다. 부모가 친절한 태도로 사람들을 대하고, 인사를 건네고, 자신을 소개하는 모습을 보며 아이는 나도 저렇게 해야겠다고 다짐한다. 가장 이상적인 방법은 자녀들에게 설명한 규칙과 부모의 행동이 일치하는 것이다. 부모가 스스로 새기고 있는 규율을 가르칠 때 아이들은 그 행동을 본받을 가능성이 크다.

슈테펜이라는 네 살짜리 남자아이를 키우고 있는 이나는 아이에게 항상 예의바르고 상냥하게 대화할 것을 가르쳤다. 하지만 많은 노력에도 불구하고 슈테펜은 걸핏하면 공격적인 말을 내뱉고 과잉 행동을 일삼았다. 슈테펜은 엄마와 여동생뿐만 아니라 유치원 친구들에게도 소리를 질렀고, 그러는 바람에 이나는 보육 교사와 여러 번 상담도 했다.

나를 찾아온 이 젊은 엄마는 온화하고 조용해 보였다. 행동에서도 예의가 느껴졌다. 당면한 상황에 대해 몇 가지 질문을 던진 끝에 나는 몇 가지 사실을 알아냈다. 직장에서 고된 하루를 보낸 날 저녁에 아이가 말을 듣지 않으면 '이성의 끈이 끊어진다'는 것이었다. 그럴 때면 이나는 아이에게 소리를 지르며 화를 냈다. 하지만 늘 곧바로 사과했기 때문에 이 일이 문제가 될 거라곤 생각하지 않았다. 하지만 아이는 엄마가 그러했듯이 가족과 친구들에게 공격적인 행동을 드러냈다.

상담을 통해 아이가 자신을 따라했다는 사실을 안 이나는 이후 자신의 행동을 조심했다. 특히 스트레스를 받는 상황에서 예전과 다르게 행동했다. 짜증에 다른 방식으로 대처하는 법을 배운 뒤로 이나는 공격적인 소통 방식을 어느 정도 통제할 수 있게 되었다.

가브리엘레는 도통 말을 '듣지' 않는 아홉 살짜리 딸 넬레에게 몹시 화가 나 있었다. 그런데 딸을 대하는 엄마의 태도에도 분명 문제가 있어 보였다. 한번은 공원에서 엄마와 아이들이 모임을 하고 있는데 개 한 마리가 넬레에게 다가왔다. 가브리엘레는 대충 아이가 있는 쪽을 향해 "넬레,

이리 와!"라고 말했다. 아이 친구들 엄마와 얘기를 나누고 있는 만큼 대화 내용을 놓치고 싶지 않았다. 하지만 넬레는 엄마가 부르는 소리에 반응하지 않았다. 엄마가 친구들과의 대화를 중단하지 않는 이상 아이도 엄마가 하는 말을 들을 이유가 없다고 생각했다. 딱히 엄마가 자신에게 말을 걸었다는 느낌도 들지 않았다. 얼마간 시간이 흐른 뒤에야 엄마는 딸이 옆에 없다는 사실을 깨닫고 화난 목소리로 다시 아이를 불렀다. 개는 이미 주인과 자리를 뜬 뒤였다. 엄마의 말에 넬레는 "귀찮으니까 부르지 마세요!"라고 대꾸했다. 아이 친구와 엄마들이 있는 곳에서 큰소리를 내고 싶지 않았던 가브리엘레는 이마를 찌푸리고는 단념해 버렸다.

아이들은 흡수력이 좋다. 그래서 부모의 행동을 보고 똑같이 따라한다. 아이가 상냥하기를 바란다면 부모가 먼저 예의 바른 표현을 사용하고, 재차 질문하고, 눈을 마주치고, 상대방을 진심으로 대하라. 아이들과 열띤 토론을 하고 싶다면 흥미진진한 주제를 골라 그에 대한 자신의 의견을 주장하되, 다른 사람에게도 반응할 여지를 주고 적극적으로 의견을 교환하라.

앞의 사례에서도 보았듯이 부모라면 누구나 자신이 던진 메시지에 자녀가 반응하기를 기대한다. 하지만 그 전에 아이가 부모에게 집중하기를 바라는 만큼 아이에게 먼저 집중하는 모습을 보여주는 것이 중요하다.

시선을 맞추는 일은 성공적인 의사소통의 필수 조건으로, 아이와 대화할 때는 눈을 바라보아야 한다. 이때 부모와 자녀는 서로가 서로를 바라봐 주고 있다는 느낌을 받는다. 아이가 반응을 보이지 않는다면 즉각 물어보아야 한다. 반응이 없는데도 그냥 '내버려두면' 아이는 그렇게 해도 괜찮다고 생각할 수 있다. 그러니 곧바로 물어봄으로써 의사소통을 할 때 상대방이 반응을 기대한다는 메시지를 전하라. 그래야 아이가 대화의 기본 규칙을 배울 수 있다. 송신자가 송신을 하면 수신자는 수신한 뒤 송신자의 메시지에 반응해야 한다는 규칙이다. 또 시선을 맞추면 아이는 부모가 '한 귀만 열어두고' 대화하는 게 아니라 '나의 말을 중요하게 생각하고 있구나'라는 느낌을 받는다. 이처럼 아이와 진정으로 교감하고 싶다면 부모가 먼저 좋은 대화를 위한 요소들을 실천해 보여야 한다. 아이들은 소통하는 방식에서도 부모를 기준으로 삼으며, 의식적으로든 무의식적으로든 부모에게서 관찰한 것을 활용한다는 사실을 잊지 마라.

## 당신의 이야기를 들려주어라

자신의 이야기를 털어놓는 것을 꺼리는 부모들이 의외로 많다. 아이를 보살피는 데 집중한 나머지 자신과 부모의 역할을 분리해 버린 탓이다. 그러나 우리는 부모인 동시에 감정과 생각을 가진 한 인간이다. 아이들에게 이를 드러내 보인다는 것은 우리 인격의 일부를 보여주는 것이며, 이는 아이와의 사이를 더욱 돈독하게 만드는 일이다. 물론 이런 드러내기는 아이 마음에 상처나 충격을 주지 않는 범위 내에서 이루어져야 한다. 다시 말해 아이가 감당하기 어려운 문제나 고민을 털어놓는 식이어서는 안 된다. 아이에게 부담이 되는 문제들로 대화를 시도할 경우 아이가 죄책감이나 두려움, 슬픔에 빠질 수 있고, 심할 경우 감정적 문제가 발생할 수도 있기 때문이다. 하지만 적당한 선에서 아이에게 자신의 이야기를 털어놓으면 끈끈한 연결고리를 만들 수 있다.

민속학자이자 저널리스트인 리타 슈타이닝거Rita Steininger는 자신의 저서 《갈등을 일으키는 부모Eltern lösen Konflikte》에서 부모의 사적인 이야기를 들려주는 좋은 방법에 관해 설명했다. 부모가 자신의 어린 시절 이야기를 들려주면 아이들은 대개 커다란 관심을 보인다. 반드시 그렇다는 보장은 없지만 대개의 경우 효과가 있다는 게 슈타이닝거의 의견이다.

"다른 모든 기억들과 마찬가지로 유년기의 기억도 버튼만 누르면 소환되는 게 아니다. 오히려 떠올리려 애쓸수록 떠오르지 않는다. 그러다가 불현듯 옛일이 기억날 때가 있다. 가령 예전에 자신이 겪었던 일을 자녀가 겪게 되는 경우가 그렇다. 이는 완전히 새로운 방식으로 자녀와 대화를 시작하는 좋은 계기가 된다. 아이들은 아무리 들어도 질리지 않을 정도로 이런 이야기를 좋아한다."

어린 아이일수록 부모도 옛날에는 어린 아이였다는 사실을 자주 까먹는다. 그래서 부모가 어렸을 때 자신이 지금 겪는 일과 비슷한 상황을 경험했다고 하면 깜짝 놀란다. 가령 부모도 자기처럼 다리가 부러져 병원에 간 적이 있고, 가장 친했던 친구가 어느 날 절교 선언을 해서 상처 받았으며, 키우던 강아지가 어느 날 갑자기 죽어버려 며칠을 슬퍼했다는 얘기다. 이런 상황에서 부모가 어떤 감정을 느꼈고, 어떻게 대처했으며, 부모의 부모와 형제들은 어떻게 반응했는지가 아이들에게는 흥미진진한 이야깃거리다.

부모가 자신의 이야기를 털어놓는 것이 얼마나 드문 일인지 나는 아이들과 대화하면서 자주 깨닫는다. 부모의 성장 과정과 성격에 관해 제대로 알고 있는 아이들은 소수에 불과하다. 대부분의 아이들에게 부모는 그냥 자신을 돌봐주고 필요할 때 곁에 있어주는 사람일 뿐이다. 아이들 앞에서 부담스러운 화제를 끄집어내고 싶지 않은 마음은 이해하지만 가끔은 그런 주제로 아이들과 이야기하는 것이 좋다는 생각이 들 때가 있다. 바로 가족에게 문제가 생겨 아이들도 이를 감지하고 있는 경우다. 이때 문제를 입 밖에 내지 않으면 아이들은 두려움에 사로잡힐 수 있다.

겁 많은 열세 살 소녀 클라리사는 엄마가 우는 모습을 자주 목격했다. 그러나 엄마는 우는 이유를 설명해주지 않았고, 클라리사 역시 섣불리 그 이유를 묻지 못했다. 자신의 우울한 감정이 딸의 마음을 괴롭힐까 두려워하는 엄마의 마음을 클라리사가 알 리 없었다. 반대로 클라리사는 엄마에게 무슨 말을 듣게 될지 몰라 두려운 마음에 더더욱 이유를 묻지 못했다.

이처럼 스트레스가 이미 가시화된 상황에서는 부모가 겪고 있는 힘든 감정에 관해 아이에게 설명해주는 것이 좋다. 이 사례에서 엄마는 이혼을 겪으며 우울증을 앓고 있었는데, 이를 딸에게 어떻게, 얼마나 얘기해야 할지 몰라 고민하고 있었다. 이럴 때는 엄마나 아빠가 어느 정도 문제를 알리는 것이 도움이 된다. 다만 그 과정에서 아이가 죄책감을 품게 해서는 안 된다.

클라리사는 나름대로 엄마의 눈물이 무엇 때문인지, 자신이 무얼 잘못한 것은 아닌지 온갖 추측을 했다. 엄마의 우울증에 관해 설명을 듣고, 상담 치료를 진행하고 있음을 알게 된 뒤에야 아이는 걱정을 덜 수 있었다. 물론 그것만으로 엄마의 슬픔이 사라진 것은 아니었지만 이전보다는 더 적극적으로 대처할 수 있었다.

이와 같은 스트레스 상황에서는 상담 치료를 받는 것이 도움이 된다. 아이와 무엇에 관해 어떤 방식으로 대화하는 것이 좋은지 조언을 얻을 수 있기 때문이다.

다른 모든 인간관계와 마찬가지로 아이들은 부모를 잘 알수록 부모에게 더 많이 공감한다. 상대방에 관해 많이 아는 만큼 이해심도 높아지는 것이다. 이 책의 3부에 실린 100가지 질문은 아이들의 아이디어와 꿈을 엿보게 해주는 동시에 부모의 아이디어를 아이에게 알려주는 수단이다. 아이가 질문에 대해 자신의 생각을 잘 이야기했다는 생각이 들면 부모도 자신의 생각을 들려주고 싶은 마음이 들 것이다. 그럴 때는 그냥 이야기하라. 날 수 있다면 어디로 날아가고 싶은지, 그 이유는 무엇인지 이야기하면 되고, 슈퍼파워를 가졌다면 무엇을 하고 싶은지, 지금 기분은 어떤지 이야기하면 된다.

상대방에 관해 무언가를 알게 되면 친밀감이 생긴다. 이는 양쪽 모두에게 마찬가지다. 부모 입장에서는 아이의 상상력을 엿볼 수 있고, 아이 입장에서는 엄마 아빠에 대해 더 많은 것을 알게 되기 때문이다.

부모의 인생길을 알게 된다는 것은 소중한 경험이다. 사람들과 대화를 나누면서 나는 '부모가 되기 전' 자기 부모들에 관해 잘 알지 못하는 성인들이 생각보다 많다는 사실을 거듭 확인했다. 이들은 부모의 사망이나 여타 다른 이유로 더 이상 그들의 과거에 관해 물어볼 수 없게 된 뒤에야 후회하곤 했다. 아이 앞에서 부모들은 스스로를 아빠 또는 엄마로만 정의하려고 한다. 하지만 아이에게 지금의 모습이 되기까지 엄마 아빠의 과거를 아는 일보다 흥미진진한 일은 없다. 누군가에 관해 안다는 것은 그를 이해하게 된다는 의미다. 부모의 과거에 관해 아는 아이는 자신이 어떻게 해서 오늘에 존재하게 되었는지를 더 잘 이해할 수 있다.

토마스는 아들 하나, 딸 하나를 둔 아빠이자 자신의 부친에 대한 사랑으로 가득한 아들이다. 그러나 부자 사이에 흐르는 기류는 다소 어색했다. 그는 성공한 경영인이자 세상일을 꿰뚫고 있는 아버지를 존경해 마지 않았다. 그런 아버지의 영향으로 토마스는 어렸을 때부터 이런 주제를 가지고 아버지와 열띤 토론을 벌이곤 했다. 그러던 어느 날, 아들이 할아버지에 관해 물었을 때 토마스는 자신이 아버지에 관해 별로 아는 게 없다는 사실을 깨닫고는 충격에 빠졌다.

이를 계기로 토마스는 아버지의 여든 번째 생일 선물로 인터뷰를 준비했다. 꽤 오랜 시간에 걸쳐 틈틈이 아버지를 만나 그의 삶에 관해 질문을 던졌다. 녹음된 인터뷰는 작가에게 의뢰해 전기로 만들었다. 이렇게 탄생한 책은 주인공은 물론 가족 모두에게 큰 기쁨을 주었다. 하지만 토마스는 아버지와 더 일찍 대화를 시작하지 못한 것에 대한 아쉬움을 떨칠 수 없었다. 인터뷰를 진행하며 많은 질문을 한 덕에 그는 오래 전에 알았더라면 더 좋았을 아버지에 대한 얘기를 알게 되었고, 더 잘 이해하게 되었다.

토마스의 사례에서 우리는 우리가 가장 가까워야 할 사람들, 혹은 가까워지고자 하는 사람들과의 관계가 실상은 전혀 가깝지 못하다는 사실에 주목해야 한다. 부모인 우리에게는 아이들과의 관계를 단단하게 가꿔 나가야 할 의무가 있다. 그러기 위해서는 스스로를 열어 보이고, 개인적인 이야기를 들려주는 것이 중요하다. 나아가 아이가 마음을 열 수 있도록 아이의 개인적인 일에 관심을 보여야 한다. 그러다 보면 아이 앞에서 '강해' 보이고 싶은 마음 뒤에 숨긴 약한 부분이 드러날 것이다. 이것은 부끄러운 일이 아니다. 억지로 꾸며낸 강한 모습이 오히려 부끄럽다.

단, 아이에게 너무 개인적인 질문을 던져서는 안 된다. 그러면 아이는 추궁당하는 느낌이 들어 자리를 피할 수 있다. 아이가 청소년이라면 특히 주의해야 한다. 부모와 마찬가지로 아이도 개인적인 면을 항상 드러낼 준비가 되어 있지 않기 때문이다. 그렇더라도 아이의 회피 행동을 부모에 대한 공격으로 간주해서는 안 된다. 그보다는 계속해서 흥미로운 대화를 시도하며 아이에게 다가가야 한다.

## 모든 뇌 영역을 활용하라

아이가 괴로운 감정에 짓눌려 있을 때는 그에 관해 이야기하는 법을 가르쳐야 한다. 뇌 연구자들이 밝혀낸 사실에 의하면 대화를 통해 아이로 하여금 괴로운 감정과 그와 관련된 사건에 관해 이야기하도록 유도하는 것 그 자체로 치유 효과가 있다고 한다.

《아직도 내 아이를 모른다The Whole-Brain Child》의 저자 대니얼 J. 시겔 Daniel J. Siegel과 티나 페인 브라이슨Tina Payne Bryson은 아이들이 괴로운 감정을 유발시킨 경험을 소화하는 과정에서 우뇌(감정적, 비언어적, 경험에 기반, 자기성찰-경험의 의미와 지각을 담당)는 물론 좌뇌(논리적, 언어적, 직선적-경험의 세부 요소와 질서를 담당)를 사용한다는 점이 왜 중요한지를 설명한다. 이런 상황에 처한 아이들은 강렬한 감정과 신체 지각에 의해 우뇌가 크게 압도당하는 탓에 감정에 무방비하게 노출되곤 한다.

시겔과 페인 브라이슨은 이때 좌뇌가 함께 활성화되도록 아이들을 도울 수 있다고 말한다. 그러면 언어와 논리 기능이 발휘되어 아이가 경험을 보다 잘 이해할 수 있다. 괴로운 경험에 관해 이야기하는 과정에서 양쪽 뇌반구의 상호 협력이 강화된다. 우뇌는 감정과 기억을 투입해 이야기를 하는 데 기여하고 좌뇌는 이에 의미를 부여한다. 아이는 이렇게 이야기하는 경험을 통해 우뇌가 담당하는 강렬한 감정과 신체적 지각을 좌뇌의 도움으로 정의하고, 경험한 것을 정리한다. 이때 부모는 아이가 자신의 마음을 괴롭히는 사건에 대해 이야기할 수 있도록 독려해야 한다. 사건의 경과 및 그 일이 벌어지는 동안 아이가 경험한 감정에 관해 질문을 던지거나 어린 아이의 경우 부모가 사건에 대한 서술을 이어 나가는 식이다. 예를 들면 아이에게는 넘어져서 무릎을 세게 부딪쳐 통증을 느꼈던 경험이 괴로운 사건일 수 있다. 학령기 아이의 경우 친구들에게 따돌림을 당하거나 수업 시간에 일어난 일로 친구들의 비웃음을 샀던 일이 괴로움으로 자리 잡고 있을 수 있다.

### 시겔과 브라이슨 인용문

'연구에 따르면 감정을 정의하거나 표현하는 것만으로도 우뇌의 감정 순환이 활성화되어 진정 효과를 발휘한다. 자신의 이야기를 하는 것이 모든 연령의 아이들에게 중요한 이유이기도 하다. 이것은 삶에서 겪는 감정과 사건들을 이해하는 데 도움이 된다. (중략) 사건을 이해하고 그와 관련된 감정을 개선하는 데 아이들이 필요로 하는 것이 이야기하기인 경우가 많다.'

# 문자 메시지와 채팅

전자기기를 이용한 소통은 우리 삶을 훨씬 편리하게 만들어주었다. 덕분에 우리는 빠른 속도로 용건을 통보하거나 협의할 수 있으며, 이는 전화나 대면 대화를 통하는 것보다 훨씬 쉽고 간편하다. 사실 직접 만나 대화를 나누다 보면 감정을 제대로 표현하지 못하거나 화제에서 벗어난 이야기가 나오는 경우가 많은데, 이런 새로운 소통 방식은 그로 인한 시간과 에너지의 낭비를 막아준다.

문제는 이로 인해 정신적 휴식을 취할 수 없게 되었다는 데 있다. 쉼 없이 메시지를 주고받는 탓이다. 매일 몇 시간씩 전자기기에 매달려 보낸다는 의미의 '스몸비Smombies'라는 신조어도 생겼다. 스마트폰과 좀비의 합성어인 이 말은 걸어 다니는 중에도 스마트폰을 들여다보는 사람을 지칭한다. 그렇다 보니 짧은 휴식을 취할 때도 우리는 스마트폰을 들여다본다. 전화만 열면 언제 어디서든 무언가를 읽거나 볼 수 있으니 대화를 나누는 시간은 그만큼 줄어들고 있다. 상대에게 집중하며 진심으로 마음을 나누어야 친밀감이 형성되는데 그런 기회가 줄어들고 있는 것이다.

부모 세대에서는 친구를 직접 만나 대화하기보다 SNS를 통한 채팅을 더 선호하는 아이의 모습이 낯설 것이다. 하지만 어렸을 때부터 스마트폰과 컴퓨터를 접한 세대인 우리 아이들이 전자기기에 익숙한 것은 당연하다. 특히 청소년에게는 이것이 큰 의미를 지닌다. 반대로 생각해보면 이 말은 곧 아이들에게 '진짜' 대화의 기회를 제공하고 서로 이야기를 나누며 이를 습관으로 만들어줘야 한다는 의미일 것이다. 실제 대화를 통해 사람들은 감정을 나누고 상대방의 생각에 비판적 의견을 제시하며 그에 대응하는 법을 배우기 때문이다. 익명성 뒤에 숨어 자신의 말에 대한 책임을 피하는 것도 막을 수 있다. 무엇보다 실제 대화를 하면 의사소통의 송신과 수신 과정을 연습할 수 있다. 대화는 보통 메시지의 교환을 통해 이루어지기 때문이다. 여기에는 메시지를 보내는 사람과 받는 사람이 존재하며, 대화가 흐르는 동안 서로의 입장이 바뀌기도 한다. 그런데 대부분의 사람들은 수신자보다는 송신자가 되기를 원한다. 대화가 유지되기 위해서는 상대방에게 질문을 던져야 하는데, 대부분 대답만 하려 하지 상대방에게 질문을 던지려고 하지는 않는다.

아이들은 어렸을 때부터 대화의 기본 원칙을 배운다. 그런 만큼 아이의 생각을 묻고 말할 기회를 줌으로써 메시지를 송신하고 자신의 입장을 피력하게 해주어야 한다. 생각을 드러내고 의견을 피력하는 것이 중요하다는 것을 알게 된 아이는 자신만의 관점을 정립하는 것은 물론 높은 자존감을 형성한다.

부모가 자신의 이야기를 하고 의견을 피력하는 것, 아이가 질문하는 법을 배우는 것 둘 다 중요하다. 이 과정에서 부모와 아이 간의 감정 교류가 이루어진다. 자기의 말만 송신하는 법을 배운 아이는 이기적이고 공감할 줄 모르는 사람이 되고 쉽고, 반대로 수신하는 법만 배운 아이는 자신의 입장을 주장할 줄 모르는 사람이 될 수 있다. 송신자인 동시에 수신자가 될 때, 수신자인 동시에 송신자가 될 때 공감할 줄 아는 어른으로 성장한다.

세 딸의 엄마인 카트린은 친구나 지인을 만날 때마다 여러 사람 앞에서 말을 해야 하는 상황이 생길까봐 두렵다. 단 둘이 대화할 때는 아무렇지 않은데 여러 명이 모인 자리에서 의견을 표현하는 일은 너무도 어렵다. 대부분의 주제에 관해 견해를 가지고 있음에도, 심지어 평균 이상으로 똑똑함에도 자신의 말이 틀리거나 정확한 말을 하지 못할까봐 두렵다.

어린 시절 그녀는 물질적으론 부족함이 없었지만 매우 권위적인 부모님으로 인해 무거운 어린 시절을 보냈다. 카트린의 부모는 아이들의 성적에만 관심을 두었을 뿐 감정에 관한 대화는 나누지 않았다. 가족의 대화는 현실적인 문제 중심으로 돌아갔고, 부모는 어떤 화제에서든 견해가 확고했다. 그들은 보수적이고, 또 경직되어 있었다. 이런 영향으로 카트린은 소녀 시절부터 혹시라도 자신이 틀린 말을 하면 어쩌지 하는 두려움에 시달렸다.

그녀의 부모는 딸이 자신의 생각과 의견을 드러내는 것을 독려하기는 커녕 자신들의 관점을 '주입시키려고'만 했다. 그렇다 보니 자신의 의견을 주장하고 피력할 능력이 충분이 있음에도 그러지 못했다. 그런 그녀가 지금 소심하게 움츠르드는 것은 어찌 보면 당연한 일이다. 그러나 상대방에게 관심을 갖고 귀를 기울이며 중간중간 질문을 던져 대화를 풍부하게 만드는 카트린의 능력은 누구보다 뛰어났다. 유년기와 십대 시절 '송신'하는 법을 연습하지 못한 탓에 어른이 되어서야 이제 배우게 됐지만 다른 사람의 이야기를 수신하는 그녀의 능력은 인정할 만했다.

## '진짜' 대화에서 배우는 다양한 능력

대면 대화는 문자메시지나 SNS 등을 통한 소통보다 더 집중적인 대화를 나눌 수 있게 해준다. 주의가 분산되거나 대화의 흐름이 바뀔 수 있다는 단점이 있긴 하지만 대면 대화는 궁극적으로 상대에 대한 이해를 높여준다. 특히 사람들 간의 소통은 복합적이기 때문에 아이들은 이를 연습해야 한다. 무언가를 이해하지 못했을 때는 질문을 해야 하고, 상대방의 눈을 통해 마음을 읽어낼 줄 알아야 하며 몸짓이나 표정을 통해서도 상대를 읽을 줄 알아야 한다. 이를 통해 아이들은 언어적 교류뿐 아니라 비언어적 신호를 해석하는 법을 배운다. 상대방과 직접 대면하지 않는 온라인에서는 비언어적 메시지가 생략되기 때문에 좀 더 효율적인 대화가 가능할 수 있지만 경우에 따라 오해가 생기거나 메시지를 잘못 해석하는 일이 발생하기도 한다.

비언어적 의사소통의 해석은 사적인 대화를 이루는 중요한 구성 요소의 하나로, 우리는 일상에서 아이와 이를 연습할 수 있다. 예를 들어 슈퍼마켓 계산대의 점원이 불친절할 경우 아이에게 "저 사람 기분이 좋아 보이니?"라고 질문해보라. 그런 다음에는 무엇을 통해 직원의 기분을 추측했는지 아이와 함께 곰곰이 생각해보라. "미소를 짓지 않고 몸이 우리 쪽을 향해 있지 않으며 말투가 차갑고 인사를 하지 않아서요." 이런 식으로 아이들은 비언어적 요소를 해석하는 법을 연습한다.

- 표정
- 시선
- 손짓
- 몸짓, 신체의 방향, 물리적 거리
- 음성적 비언어 신호: 목소리의 크기, 음성 주파수, 말하는 속도와 강세

이제 슈퍼마켓 점원을 둘러싼 지배적인 감정이 무엇일지 생각해보자. 슬퍼하고 있는가? 긴장한 상태인가? 혹시 피곤한 것은 아닐까? 이렇게 생각하다 보면 점원이 단순히 '불친절해' 보이는 데 그치지 않고 감정을 가진 한 인간으로 보일 것이다.

비언어적 신호에 관한 이런 대화는 아동의 언어적·인지적 발달을 촉진하며, 무엇보다 정서 발달을 도와준다. 그러나 일상에서 감정에 관해 대화할 기회가 항상 있는 것은 아니다. 이때는 책을 읽으며 대화를 나누는 것도 좋은 방법이다. 얀 폰 홀레벤Jan von Holleben의 《난 화가 났단 말이야Meine wilde Wut》나 미스 반 후트Mies van Hout의 그림책 《오늘 나는Heute bin ich》을 활용하면 감정, 기분, 표정에 관해 아이와 즐거운 대화를 나눌 수 있을 것이다.

## <u>아이의 공감 능력을 자극하라</u>

감정을 파악하고 느끼고 정의하는 일, 다시 말해 비언어적 신호에 주의를 기울이고 해석하는 일은 아이의 공감 능력을 강화시킨다. 이때 아이는 상대방의 말뿐만 아니라 표정과 몸짓, 어조를 통해 전달되는 인상까지 살핀다. 그리고 이를 통해 상대방에게 감정을 이입하고 상대의 기분이 어떤지 감지하는 법을 배운다. 아이들은 만 4세만 되어도 다른 사람의 관점을 (적어도 부분적으로) 수용함으로써 그에게 공감하는 능력을 갖추고, 연민 등의 감정을 품는다.

종종 언어적 신호에만 반응하는 것처럼 보이는 사람을 만날 때가 있다. 이런 사람과 대화하다 보면 '냉랭한' 기운이 느껴지는 동시에 기계적으로 소통한다는 인상을 받는다. 내 감정 신호를 파악하지도 해독하지도 못하기 때문이다. 상대방도 같은 느낌을 받기 때문에 이런 사람들은 인간관계가 쉽지 않다.

아이들은 다양한 형태의 공감 능력을 갖추고 태어난다. 그중 처음부터 다른 사람들과 쉽게 연결고리를 맺는 것처럼 보이는 아이가 있다. 타인의 감정이나 생각에 주의를 기울이고, 상대를 제대로 이해하며, 적절히 반응하는 능력까지 타고난 덕분이다.

언젠가 감동적인 장면을 목격한 적이 있다. 한 여성이 네 살쯤 되어 보이는 남자아이의 손을 잡고 도로 가장자리 신호등 앞에 서 있었다. 노부인 한 명이 그 옆에 함께 서서 신호를 기다리고 있었다. 아이는 노부인을 주의 깊게 관찰하더니 이렇게 물었다.

"할머니, 왜 그렇게 표정이 슬퍼 보여요?"

그 말에 노부인이 아이를 바라보며 대답했다.

"외로워서 그렇단다."

"가엾어라."

아이가 이렇게 말하는 순간 신호등이 초록색으로 바뀌었고, 사람들은 제각기 길을 건넜다. 한눈에도 그 아이는 뛰어난 공감 능력을 갖추고 있었다. 어리지만 낯선 사람의 기분을 알아차리고 말을 건, 여기에 연민까지 표현한 기특한 공감 능력이었다.

누구나 이 아이처럼 뛰어난 공감 능력을 타고나는 것은 아니다. 하지만 다행스럽게도 공감 능력은 성인이 된 뒤에도 키울 수 있다. 신경학자이자 심리학자인 타냐 징어Tania Singer는 막스 플랑크 인지·신경학 연구소 Max-Planck-Instituts für Kognitions- und Neurowissenschaften에서 시행한 '리소스 프로젝트ReSource Project'를 통해 정신 훈련으로 사회성을 단련하는 것이 가능하다는 사실을 밝혀냈다. 이는 지금까지 다룬 공감 능력 계발 가능성 프로젝트 가운데 가장 규모가 큰 연구다. 한 인터뷰에서 징어는 다양한 형태의 정신 훈련이 뇌와 행동에 미치는 영향력에 대해 설명했다. 그리고 몇 가지 중요한 결과를 도출했는데, 그중에는 아동의 사회성과 관련된 것도 있었다.

"이 훈련법은 수많은 문화가 뒤섞이고 부딪히는 탓에 관점 전환 능력과 스트레스, 부정적인 감정에 대처하는 능력이 중요시되는 (중략) 특수교육 기관에서 활용되어야 할 것이다. 이곳의 아동과 청소년들이 주기적으로 이 훈련을 받을 경우 엄청난 효과를 불러올 것이 확실한데, 아동의 뇌가 성인에 비해 대단히 유연하다는 점도 그 이유 중 하나다.'

요즘에는 아이들의 공감 능력을 길러주고 사회적 공존 능력을 향상시켜 주는 과학적인 훈련 프로그램들이 많다. 교육심리학자인 미셸 보르바 Michele Borba는 《배려: 자기중심주의가 지배하는 세상에서 공감 능력을 지닌 아이들이 성공하는 이유Unselfie. Why Empathetic Kids Succeed in Our All-About-Me World》에서 아동의 공감 능력에 관해 다루었다. 이 책에는 1996년 메리 고든Mary Gordon이 창시한 '공감의 뿌리Roots of Empathy' 협회의 프로그램에 관한 내용이 서술되어 있다. 이곳은 취학 전에서 만 13세에 이르는 아이들이 '정서적 문맹 퇴치' 프로그램의 도움을 받아 자신의 감정을 파악하고 정의하며 이를 타인의 감정에까지 적용시키는 방법을 배우는 곳이다. 이 프로그램은 어린 아이 한 명, 그리고 아이의 집을 정기적으로 방문해 아이를 돕는 자원봉사자로 이루어진다. 전문적으로 교육 받은 트레이너가 아이로 하여금 자신의 감정에 집중하고 감정을 말로 표현하도록 유도한다. 아이들이 아직 감정을 말로 다 설명할 수 없는 만큼 트레이너는 아이의 표정과 몸짓, 목소리의 높낮이를 면밀히 관찰하여 아이의 감정을 해석한다. 이로써 아이들은 자신의 감정은 물론 타인의 감정을 이해하고 공감하는 능력을 키운다. 공감 훈련 전문가들이 기획하고 지도하는 이 프로그램의 목표는 학교에서 벌어지는 공격적인 행동이나 따돌림을 줄이는 동시에 아이들의 사회적·정서적 능력과 공감 능력을 향상시키는 데 있다.

그런데 이는 교육 받은 트레이너만 할 수 있는 게 아니다. 부모 역시 일상에서 얼마든지 자녀의 '공감 훈련가' 역할을 할 수 있다. 타인에게 공감하고 반응하기 위해서는 자신의 감정을 먼저 파악할 줄 알아야 한다. 따라서 부모는 아이와의 대화를 통해 아이가 자신의 감정을 말로 설명할 수도 있도록 도와야 한다. 아이에게서 포착한 감정을 말로 재구성하여 피드백하는 것도 방법이다. 부모는 또한 아이가 다른 누군가의 감정을 읽을 때 그 사람의 입장에 서 보게 함으로써 그가 현재 어떤 감정을 느끼고 있는지 고민해보게 할 수 있다. 이 방법을 통해 아이는 자기 감정은 물론 타인의 감정을 파악하고 그것에 이름 붙이는 법을 배울 수 있다. 이렇게 함으로써 우리는 긍정적인 감정과 부정적인 감정 모두를 설명할 수 있게 된다.

- ✪ "오늘은 업무가 수월해서인지 기분이 좋네. 엄마랑 같이 산책이라도 다녀오자."
- ✪ "아빠가 지금 일 문제로 고민이 많단다. 네 방에 가서 놀고 있으렴. 아빠는 조금 쉬어야 할 것 같아."

당신의 감정을 표현할 때는 가능하면 이렇게 구체적이고 차별화된 표현을 사용하라. 단순히 '좋다' 또는 '나쁘다'라는 말로 기분을 표현하지 마라. 심리학자 마셜 B. 로젠버그는 누구나 품고 있는 기본적인 감정들을 욕구가 충족되었을 때 드는 감정과 그렇지 못했을 때 드는 감정으로 구분했다.

전자에 속하는 감정으로는 고무된 기분, 감동, 감사, 충전된 느낌, 기쁨, 충족감, 안도, 경탄, 매혹, 즐거움, 뭉클함, 희망에 찬 느낌, 영감을 받은 듯한 느낌, 낙관적, 자부심, 신뢰, 편안함, 확신 등을 들 수 있다. 반대로 욕구가 충족되지 못했을 때 드는 감정으로는 근심, 걱정, 고독, 사기 저하, 실망감, 좌절감, 자극된 느낌, 무력감, 절망, 긴장감, 슬픔, 불편함, 초조함, 짜증, 당혹감, 혼란스러운 감정, 거부감, 분노 등이 있다.

아이가 기분이 '좋다'거나 '나쁘다'고 말한다면 주저하지 말고 그것이 구체적으로 어떤 느낌인지 물어보라. 해당하는 감정에 상응하는 어휘를 알고 있어야만 감정에 이름을 붙일 수 있다. 아이가 알고 있는 감정 어휘의 폭이 넓을수록 자신과 타인의 감정을 분류하기가 쉬워진다.

특히 남자아이를 키우는 엄마는 아이와의 대화 중에 나오는 감정 표현에 좀 더 주의를 기울여야 한다. 엄마들이 딸과는 다른 방식으로 아들과 대화한다는 것은 잘 알려진 사실이다. 의사이자 과학 저널리스트인 베르너 바르텐스Werner Bartens는 부모들이 자녀와 대화할 때 사용하는 감정 표현을 연구한 심리학자 해리엇 테넨바움Harit Tenenbaum를 인용해 이렇게 얘기했다.

"부모와 자녀 간의 대화에서는 성별에 따른 차이가 두드러진다. 엄마들은 딸과 대화할 때 좀 더 풍부하고 감정이 강조된 표현을 쓴다."

아들에게 자신의 기분을 표현하는 법을 가르치려면 아이와 감정과 관련된 이야기를 나누어야 한다. 부모가 먼저 자신의 감정에 관해 언급한 뒤 아들, 그리고 아들의 삶에서 일정한 역할을 하는 사람들의 감정에 관해 얘기하라.

아이들은 역할놀이를 통해서도 타인에게 감정을 이입하고 세상을 다른 눈으로 보는 법을 배운다. 부모와 아이가 각자 역할을 맡은 뒤 (아이의 연령을 고려해) 그에 상응하는 가상의 대화를 나누는 것이다. 예컨대 아이가 친구와 다툰 얘기를 할 때 역할놀이는 매우 유용하다. 이때 부모는 아이 역할을, 아이는 다툰 친구 역할을 맡는다.

역할 바꾸기는 아이로 하여금 부분적으로나마 상대방의 입장에 공감하고 감정을 이입할 수 있게 해준다. 역할놀이뿐만 아니라 아이는 동물과의 어울림을 통해서도 공감을 배울 수 있다. 동물들은 그런 행동에 직접적이고 꾸밈없이 반응하기 때문이다.

열 살 소년 팀은 성격이 매우 변덕스럽다. 그래서 상냥하게 행동할 때도 있지만 공감 능력이 결핍된 행동을 할 때도 많았다. 팀의 가족은 엘리라는 이름을 가진 코카 스파니엘을 한 마리 키웠는데, 팀은 엘리를 대할 때도 똑같이 행동했다. 애정 어린 마음으로 돌보고 놀아주는 날도 있었지만 마음이 내키지 않으면 목줄을 세게 잡아당기거나 자기 방에 들어오지 못하게 문을 닫아버리곤 했다.

엄마는 팀에게 신뢰를 얻기 위해서는 동물에게도 상냥한 말투를 쓰고 필요한 것이 있는지를 살펴야 한다고 타일렀다. 하지만 팀에게는 소용없었다. 그런데 언제부턴가 이 자그마한 코카 스파니엘이 늘 소파에 앉아 있는 팀의 형에게만 다가가 몸을 부비며 꼭 붙어 있는 모습이 눈에 띄었다.

어느 날 팀은 고민스런 표정으로 형에게 말했다. "엘리가 나를 싫어하는 거 같아." 그 말에 형은 동물도 믿을 만한 사람과 그렇지 못한 사람을 구분할 줄 안다고 대답했다. 그러면서 어떤 사람이 자신을 상냥하게 대할지, 적대적으로 대할지 확신이 서지 않으면 동물도 그를 멀리 한다고 덧붙였다.

다행히도 형의 이 말은 효과를 발휘했다. 팀으로 하여금 자신의 행동을 돌아보게 만든 것이다. 형과 대화를 나눈 뒤에도 팀의 행동이 완전히 달라진 것은 아니었지만 적어도 이전보다 상냥하고 공감하는 태도로 엘리를 대하려 노력했다. 동물에게도 나름의 욕구가 있으며, 엘리에게 좋은 주인이 되려면 동물의 감정을 파악하고 돌봐야 한다는 사실을 팀이 깨달은 것이다.

# 2장
# 아이 마음에 다가서는 법

# 바쁜 일상에서
# 꽃 피는 대화

여기서는 부모와 아이 모두를 괴롭히는 갈등 상황에 대처하기 위한 실용적인 방법들을 제안하고자 한다.

## 아이들은 '심문'을 싫어한다

유치원이나 학교에 다니는 자녀를 둔 부모는 주중에는 아이와 함께할 시간이 많지 않기 때문에 아이가 기관이나 학교에서 어떻게 지내는지 궁금할 것이다. 그렇다 보니 하교 후나 저녁 시간에 아이에게 하루가 어땠느냐고 묻는 경우가 많은데, 이때 돌아오는 답은 대부분 "그럭저럭요." "좋았어요." "그냥 그랬어요." 정도다. 이런 대답으로는 궁금한 것이 해소되지 않아 더 자세히 물으려 하지만 아이는 이미 귀찮다는 반응에 대답도 대충이다.

이런 반응을 보며 우리는 아이가 기꺼이 입을 열게 하려면 뭔가 다른 방법을 써야 한다고 생각한다. 그렇다면 어떤 방법이 있을까?

하루를 어떻게 보냈는지, 수학 시험이나 농구 시합이 어땠는지 묻는 질문에 아이들은 부모가 자신의 성과를 검사하려 든다고 느낀다. 그렇잖아도 할 일이 많아 힘든 하루였는데 하나하나 캐물으니 일일이 말해줄 마음이 생겨나지 않는 것이다. 힘든 일과는 미뤄두고 그저 자유 시간을 즐기고 싶을 뿐이다.

부모가 성과를 검사하기 위해 질문한다는 느낌을 주지 않으려면 아이의 이야기에 공감하는 반응과 함께 감정을 보살피는 것이 중요하다. 사실 부모 입장에선 좋은 의도로 아이와의 대화를 시도했겠지만 아이 입장에서는 그것이 심문처럼 느껴질 수 있기 때문이다. 그저 아이가 그날 하루 동안 겪은 일들을 알고 싶었을 뿐이어도 마찬가지다. 이렇게 되면 아이는 부모가 자신을 온전히 봐준다는 느낌을 받지 못하고 더 단단하게 마음의 문을 닫아 버린다. 다음 사례를 보자.

**엄마**: "레나트, 오늘 하루 어땠니?"
**레나트**: "좋았어요."
**엄마**: "수학 시험 보는 날이었지? 잘 봤니?"
**레나트**: "그럭저럭요."

엄마: "그럭저럭이라는 게 무슨 뜻이니? 문제는 다 풀었어?"

레나트: "아뇨, 다는 아니고요."

엄마: "뭘 못 풀었는데?"

레나트: "맨 끝에 두 문제를 못 풀었어요."

엄마: "저런, 두 문제라면 꽤 비중이 크잖니."

레나트: "그 문제 푼 애들 거의 없어요. 제 방으로 갈게요."

　이 대화에서 엄마는 아이의 감정은 상관하지 않은 채 자신의 관심사를 알아내는 데만 집중하고 있다. 아이는 시험 결과에 대한 실망감을 언급할 경우 더 많은 질문이 들어올까봐("그 문제 푼 애들 거의 없어요.") 자신의 감정을 제대로 표현하지 못한다. 그러잖아도 시험을 생각만큼 잘 보지 못해서 속상한데 엄마는 근심 어린 불만을 쏟아놓는다("저런, 두 문제라면 꽤 비중이 크잖니."). 아이는 엄마가 자신의 감정을 알아주기는커녕 자신을 심문한다고 느껴 자리를 피해 버린다("제 방으로 갈게요.").

　둘의 대화가 아름답게 마무리되려면 엄마는 능동적인 경청 기술을 이용해 아이에게 공감하는 태도를 보였어야 한다. 다음 대화를 보자.

엄마: "레나트, 오늘 하루 어땠니?"

레나트: "좋았어요."

엄마: "수학 시험 보는 날이었지? 잘 봤니?"

레나트: "그럭저럭요."

이때 엄마는 아이가 느끼는 감정에 대해 이런 피드백을 보낼 수 있다.

"엄마는 그 말이 시험을 잘 보았는지 못 보았는지 확신이 없다는 말로 들리는구나."

레나트: "맞아요. 사실 잘 모르겠어요."
엄마: "어느 부분에서 잘 모르겠니?"
레나트: "그냥, 문제를 다 풀지 못했거든요."
엄마: "시간이 더 필요했던 모양이구나."
레나트: "맞아요. 문제 푸는 데 시간을 너무 많이 끌었어요. 주말에 아빠랑 한 번 더 복습을 해야겠어요. 연습이 더 필요해요."
엄마: "좋은 생각이야. 아빠도 기꺼이 도와주실 거야."

이처럼 아이의 일상에 관한 흔한 질문을 할 때도 같은 원칙이 적용된다. 아이의 기분에 주의를 기울일수록 부모가 알고 싶어 하는 것을 더 많이 들을 수 있다. 부모의 관심사에 관해서만 질문하는 것은 유도심문처럼 느껴질 뿐 공감한다는 느낌은 주지 못한다.

아이가 자신의 이야기를 하고 싶어 하지 않는다는 것은 우리가 뭔가 잘못하고 있다는 의미다. 아이의 입이 무겁거나 고집이 강하기 때문이 아니다. 아이의 말 속에 숨은 뜻을 읽어내고 감정을 살핀다면 아이도 틀림없이 부모에게 더 많은 이야기를 털어놓을 것이다.

## 의식 치르기

앞에서도 언급했듯이 가족들과 일과를 공유하려면 식사 시간처럼 모두가 모인 시간을 일종의 '의식'으로 만드는 것도 한 방법이다. 의식이라고 하면 어려울 거라 생각할 수 있는데, 가족 구성원 모두가 돌아가며 그날 있었던 재미있는 일이나 속상했던 경험을 들려주는 정도다. 이 의식은 여러 가지 장점이 있다.

먼저 아이들은 부모가 자신에게 '꼬치꼬치' 캐묻는다는 느낌을 받지 않는다. 또 많은 아이들이 지루하다고 생각하는 의례적인 보고를 할 필요가 없다. 각자 자신의 이야기를 들려주기 때문에 긴장하지 않아도 되고, 누구의 이야기가 가장 흥미진진한지를 두고 즐거운 경쟁을 벌일 수도 있다. 동시에 다른 사람들의 흥미를 유발하는 방법도 훈련할 수 있다. 이 과정에서 아이는 자신이 의무적으로 뭔가를 '보고'하는 어린아이가 아닌 부모와 눈높이를 맞춘 대화 파트너라는 생각을 하게 된다. 모든 가족 구성원이 차례로 이야기하기 때문에 평소 식사 자리에서 말을 많이 하지 않던 '과묵한' 아이도 대화에 참여할 수 있다.

날마다 한 사람씩 돌아가며 그날의 질문을 한 가지 정해두고 첫 번째로 이야기를 시작하는 사람을 미리 정할 수도 있다. 반드시 그날 있었던 최고의 경험을 말하지 않아도 된다. 아이의 연령대에 맞는 다른 질문을 던져도 되고, 방식 역시 얼마든지 바꿀 수 있다. "오늘은 무엇이 너를 고민하게 만들었니?" "누가 너에게 친절하게 대해 주었니?" "누구를 도와주었니?" "무엇이 너를 화나게 했니?" "누구와 재미있는 일을 했니?"처럼 다양한 얘기가 가능하다. 이는 모든 대화 참여자들의 창의력을 자극하는 일인 동시에 각자의 하루를 나누는 즐거운 경험이다.

3장에 소개된 100가지 질문 중에도 영감을 주는 질문들이 많다. 글을 읽을 줄 아는 아이라면 스스로 질문을 고르게 해도 되고, 다른 가족들이 무작위로 페이지를 펼쳐 질문을 골라줘도 된다. 이 의식을 통해 아이는 개인적인 교류의 가치를 배운다. 그리고 이 의식은 의사소통 능력을 자극하여 아이가 앞으로 인간관계를 맺는 데 도움을 줄 것이다.

## 아이라는 세계

당신은 아들이 좋아하는 인스타그래머에게 얼마나 관심이 있는가? 딸이 우상으로 삼는 배우에 관해서는 얼마나 알고 있는가? 아들이 열광하며 모으는 최신 게임팩이나 스티커에 관해서는 잘 아는가? 아이의 관심사를 나누고, 아이가 들려주는 이야기에 귀를 기울여 본 것은 언제인가?

사실 아이들은 자신에 관해 어른들에게 이야기하는 것을 좋아한다. 일곱 살 아들과 스티커를 수집해놓은 앨범을 들여다보며 아이가 들려주는 포켓몬 이야기에 귀를 기울여 보라. 열 살 아들과 컴퓨터 게임을 함께해 보라. 중학생 딸에게 요즘 가장 좋아하는 유튜버는 누구인지, 파워 인스타그래머는 누구인지 물어보라. 그러면 아이가 그런 것들에 왜 그토록 열광하는지 조금이나마 이해할 수 있을 것이다.

물론 이 모든 것은 부모가 아이의 관심사를 평가하거나 폄훼하지 않고 진심 어린 관심을 보일 때 가능하다. 아이와 똑같이 열광할 필요는 없지만 적어도 이해하려는 노력은 보여야 한다. 우리의 목적은 아이가 좋아하는 것이나 우상이 무엇인지 알고, 그것의 어떤 점이 아이의 마음을 사로잡았는지 파악하는 것이기 때문이다. 과거의 경험으로 인해 아이가 '뒷조사'를 당한다는 의심을 품을 수도 있지만 대부분은 부모의 관심을 반가워하며 자신의 관심사에 대해 기꺼이 말해줄 것이다. 이때 중요한 것은 아이의 세계를 향해 진심으로 열린 태도를 취하는 것이다. 다음 사례를 통해 부모의 폐쇄적인 태도가 아이와의 관계를 얼마나 손상시킬 수 있는지 확인해보라.

아들 하나와 딸 둘을 둔 안드레아는 아들과 끊임없이 갈등을 겪었다. 대부분은 컴퓨터 사용을 둘러싼 다툼이었다. 안드레아는 숙제할 때만 컴퓨터를 사용해야 한다고 생각했고, 아들 프리드리히는 친구들처럼 컴퓨터로 공부도 하고 게임도 하기를 원했다.

끈질긴 줄다리기 끝에 엄마는 주말에 극히 한정된 시간만 컴퓨터 게임을 하도록 허락했다. 프리드리히는 일주일 중 하이라이트나 마찬가지인 이 시간을 손꼽아 기다렸다. 이따금 안드레아도 곁에 앉아 아들이 게임하는 것을 지켜보았다.

하지만 대부분의 경우 안드레아는 한심하다는 말투로 "이런 건 사람을 바보로 만들어." "시간 낭비일 뿐이야." "그렇게 할 일이 없니?"라고 한 마디씩 덧붙였다. 이런 말이 불편했던 프리드리히는 엄마가 방에서 나가야만 마음이 편했다. 두 사람 사이에는 교감이라는 것이 전혀 없었다. 안드레아의 입장에서는 컴퓨터 게임을 하도록 허락해준 것만도 매우 관대한 처사였기 때문에 아들이 그런 부정적인 말쯤은 견뎌내야 한다고 생각했다.

여기서 안드레아는 이중적인 양육 태도를 보이고 있다. 컴퓨터 게임을 하도록 허락하긴 했지만 끊임없이 이를 폄훼하고 있기 때문이다. 이런 부정적인 평가로는 안드레아가 바라는 대로 프리드리히를 컴퓨터 게임으로부터 떼어낼 수 없다. 결국 아이는 이전보다 더 마음의 문을 닫아버렸고, 두 사람이 자신의 이야기를 하는 일은 거의 없었다. 심지어 프리드리히는 자신이 하는 일을 엄마가 납득하지 못할 것이라고 생각될 때는 거짓말까지 하게 되었다.

# 아이가 입을
# 닫아 버릴 때

    부모들은 아이에게 다가갈 수 없다고 느끼거나 아이가 말수가 적어지고 좀처럼 자기 이야기를 하지 않으면 본능적으로 아이를 '끌어당기려'고 한다. 끝도 없이 질문을 던지고, 대화가 끊기는 것을 두려워하면서 아이의 입을 열게 하려고 애를 쓰는 것이다. 그러나 이런 행동은 부모가 바라는 것과는 정반대의 결과를 낳을 뿐이다. 부모의 '끌어당기기'가 강해질수록 아이의 저항도 심해지기 때문이다. 이처럼 출구가 보이지 않는 상황을 타개하려면 어떻게 해야 할까?

    앞서 묘사한 것 같은 상황에서는 불균형이 발생한다. 부모는 점점 적극적으로 행동하는 반면 아이는 점점 소극적으로 움츠러들기 때문이다. 이런 불균형을 해소하기 위해서는 부모가 한 걸음 물러서는 것이 좋다. 똑같은 행동, 즉 아이에게 끊임없이 질문을 던지는 일을 반복한다고 해서 아이의 마음이 한 순간에 바뀌는 것은 아니다. 대화하자는 제안을 아이가 번번이 거절한다면 일단은 그 시도를 멈추라. 대화는 강요한다고 해서 할 수 있는 것이 아니다. 대신 대화의 경로를 바꾸면 된다. 아이의 상태를 살핀 뒤 피드백을 주는 것이 한 방법이다.

"지금은 별로 얘기할 마음이 없어 보이는구나."

그러고 나서는 어떤 반응이 돌아올지 잠시 기다린다.

아이에게 공감한다는 느낌을 주는 데 성공했다면 아이가 이렇게 말할 가능성이 있다.

"네, 최악의 하루를 보내서 지금은 전혀 얘기할 기분이 아니에요."

이 말이 곧 아이의 고민이다.

"그랬구나."

이쯤이면 아이가 말을 이어받아 먼저 얘기를 꺼낼지도 모른다.

"네, 화학 수업 내용을 이해하지 못했는데 내일이 시험이거든요."

이제 부모는 아이의 고민에 초점을 맞출 수 있다.

"저런, 걱정이 크겠구나. 그렇지?"

이쯤 되면 아이가 다시 '날 좀 혼자 내버려두세요'라는 태도를 취할 수도 있다.

"맞아요, 그런데 이 얘긴 더 이상 하고 싶지 않아요."

아직 궁금한 것이 많겠지만 일단은 꾹 참고 아이에게 이해심을 보여주어야 한다.

"알겠어. 신경이 날카로울 만도 해."

회피하는 아이의 태도를 자신에 대한 공격으로 간주하지 않고 혼자 있고 싶은 욕구로 이해하는 부모에게서는 수용하는 태도와 애정이 묻어난다. 장기적으로 볼 때 이는 아이가 꺼리는 대화를 억지로 시도하는 것보다 훨씬 긍정적인 효과를 낸다. 다만 아이가 대화를 하고 싶어 하지 않더라도 아이와의 연결고리는 유지해야 한다. 보드게임이나 산책을 제안하는 것도 방법이다. 굳이 아이의 고민에 관해 이야기하지 않더라도 부모가 관심을 품고 있으며 곁에 있다는 신호를 보내는 것이다. 종종 이 과정에서 자연스럽게 대화가 시작되기도 하는데, 그렇지 않더라도 상관없다. 핵심은 든든한 지원군인 부모가 곁에 있다는 걸 아이가 느끼는 일이다. 대화 상대가 아닌 부모라는 존재 그 자체로 말이다.

## 청소년 자녀와 함께하는 시간

독립심이 발달하는 청소년기의 아이들은 부모로부터 분리되고 싶어 하며, 또 그래야만 한다. 더 이상 부모에게 '휘둘리고' 싶어 하지 않는 만큼 청소년이 있는 가정에서는 부모와 아이의 대화가 원활하지 않은 경우가 많다. 이때 대화가 좀처럼 열매를 맺지 못하는 가장 큰 이유는 부모가 이 시기 아이들의 마음과 생각을 좀처럼 예측하지 못하기 때문이다. 게다가 청소년들은 시간이 없다는 이유로 대화를 하려고 하지 않는다. 감정 기복이 심해 혼자 틀어박히는 일도 많고, 미래에 대한 고민도 많은 탓이다. 그렇다 보니 대화 상대로 친구를 더 선호하고, 이 과정에서 부모는 자연스럽게 후순위로 밀려난다.

이 연령 집단에게는 부모의 가용성이 중요하다. 이 시기에는 예전처럼 아이와 특정한 의식을 하기로 약속하는 것이 매우 어렵다. 어린 아이에게는 의식이 안정과 질서를 부여하지만 청소년들은 그 의식이 자신의 자유를 침해한다고 느끼기 때문이다. 청소년기의 자녀가 자기 세계에 틀어박힌 채 컴퓨터나 채팅에 열중할 때 부모가 할 수 있는 일은 그저 자신이 그 자리에 있다는 신호를 주는 것이다. "엄마는 지금부터 집에 있을 거니까 차 한 잔 하거나 산책하고 싶으면 말하렴." 약속을 강요하기보다는 이런 식으로 제안하는 것이 좋다. 그런 다음 아이가 이 말을 받아들인다면 문자 그대로 하던 일을 제치고 그 시간을 아낌없이 활용하면 된다. 이렇게 하려면 부모가 더 많은 시간을 마련하고 '가용성'을 높여 두어야 한다. 물론 이렇게 했음에도 아이가 제안을 받아들이지 않을 가능성이 크다.

아니카는 의사인 동시에 세 자녀를 가진 엄마다. 첫째와 둘째는 독립을 했고, 막내이자 늦둥이인 셋째와는 아직 함께 살고 있다. 하지만 철두철미한 성격의 아니카에게 십대 딸은 항상 어려운 존재다. 힘든 하루 끝에 어렵게 마련한 대화 시간이건만 딸은 매번 다른 일이 있거나 얘기할 기분이 아니라며 엄마를 피했다. 그럴 때마다 아니카는 어찌 대응해야 할지 몰라 실망하고 좌절했다. 억지로 대화를 시도해보기도 했지만 딸은 더 짜증을 내며 피해 버렸다.

2장 아이 마음에 다가서는 법

그러던 어느 날, 아니카는 병원에서 처리하던 서류 업무를 집에서 하기로 결심하고, 딸에게 메시지를 남겼다.

"오늘 오후엔 엄마가 집에 있을 거니까 차 한 잔 마시면서 얘기하고 싶으면 말하렴."

처음에는 번거롭게 일하는 장소를 바꿔도 괜찮을지, 그런다고 딸의 마음이 변할지 확신이 서지 않았다. 그러나 적어도 시도는 해야겠다고 마음 먹고는 곧바로 서류를 가지고 집으로 향했다. 따로 '스케줄'을 잡을 필요 없이 그날 오후에는 언제든 엄마에게 말을 걸어도 된다는 제안을 딸은 기꺼이 받아들였다. 그리고 이날 이후 엄마와 딸은 오랫동안 중단되었던 대화를 다시 나누게 되었다.

여기서는 청소년들이 선호하는 시간적 유연성이 장점으로 작용했으며, 시간을 내어 주겠다는 엄마의 제안이 자신을 중요하게 여긴다는 의미로 받아들여졌다. 나중에 아니카의 딸은 엄마가 오로지 자신을 위해 일부러 시간을 냈다는 사실이 기뻤다고 털어놓았다. 그러나 딸 스스로는 부모에게 욕구를 표현하거나 요구한 적이 한 번도 없었다. 그렇다 보니 엄마 눈에는 딸이 자신과 대화를 나눌 마음이 없는 것처럼 보였던 것이다. 사실은 엄마의 바쁜 스케줄 탓에 시간을 낼 수 없는 것이 문제였는데 말이다.

# 모든 자녀들에게
# 공평하려면

아이들은 모두 다른 성격을 가지고 태어난다. 어떤 아이는 활발하고 빠르며, 어떤 아이는 신중하고 느리다. 같은 배에서 태어난 형제라도 쉴 새 없이 조잘대는 아이가 있는가 하면 수줍음이 많아 낯선 사람 앞에선 한 마디도 못하는 아이도 있다.

형제자매 간의 역학은 대개 나이에 의해 정의된다. 장남이나 장녀는 보다 큰 책임감이 주어지는 위치에 있는 반면 동생들은 그보다 책임감이 덜한 '가벼운' 역할을 하는 경우가 많다.

이는 대화 시간에도 반영된다. 나이가 많은 아이는 언어 발달 수준이 높은 만큼 대화하기도 쉽다. 부모 역시 큰 아이들을 좀 더 진지한 대화 상대로 대하기 때문에 손위 형제들이 부모와 대화하는 시간이 동생들에 비해 긴 편이다. 이 말은 곧 나이가 어린 자녀들은 자신의 의견을 말하거나 부모와 대화를 나눌 기회가 상대적으로 적다는 의미이기도 하다. 게다가 이런 역학은 시간이 흐를수록 강해지는 경향이 있다. 나이 어린 자녀들이 어차피 자신이 낄 자리는 없다는 판단 하에 물러서 버리고, 이 과정에서 의견을 표현하는 법을 연습할 기회가 더 줄어들기 때문이다. 이로써 말할 기회가 좀 더 주어졌더라면 그리 조용하지 않았을 아이에게 '내성적인 아이'라는 낙인이 찍히는 경우도 있다.

다음에 나오는 카를라, 레오, 펠릭스의 경우도 마찬가지였다. 여아인 첫째와 남아인 둘째의 터울은 네 살이었고, 남아인 막내는 형보다 두 살이 어렸다.

언어적 재능을 타고난 카를라는 대화하기를 좋아했으며, 높은 사회 지능 덕분에 사람들과도 쉽게 어울렸다. 카를라의 막냇동생 역시 지능이 뛰어나 또래보다 확연히 앞선 언어 구사 능력을 발휘했다. 하지만 자신의 생각을 유창하게 표현하는 남매 사이에 끼어 있는 레오는 겁 많고 소심한 성격에 누가 말을 걸어야만 겨우 대답하는 아이였다.

아이들의 부모는 레오의 언어 발달 능력을 늘 고민했다. 형인 레오가 알지 못하는 단어를 동생이 설명해주는 경우도 많았다. 다 같이 모여 앉은 식탁에서도 레오는 자기 생각에 빠져 있곤 했다. 상상력이 풍부한 아이였지만 머릿속으로만 상상의 나래를 펼칠 뿐 대화할 때는 그것이 전혀 발휘되지 않았다. 공상에 빠져 있느라 다른 사람들의 이야기를 놓치는 일도 많았다.

아빠는 일주일에 한 시간씩 레오와 단둘이 이야기하는 시간을 갖기로 결심했다. 직장생활을 하며 세 자녀를 양육하는 일이 결코 쉽지 않았지만 아빠는 어떻게든 그 시간을 갖고 싶었다. 그리고 이 시간에는 오로지 레오에게만 집중하여 아이가 좋아하는 공룡이나 동전, 상상의 존재들에 관해 이야기를 나누었다. 이 과정에서 아빠는 아들이 발달 문제나 언어 지연을 겪고 있는 게 아니라 그저 생각을 말로 표현하기까지 좀 더 많은 시간과 관심을 필요로 한다는 사실을 깨달았다. 아빠와 단둘이 대화를 나눌 때 레오는 즐겁게 조잘댔다. 그동안은 말주변이 뛰어난 누나와 동생 사이에서 체념한 채 그저 물러서 있었던 것뿐이었다.

그날 이후 부모는 다 같이 모인 저녁 시간에 모든 가족 구성원이 그날 하루 있었던 일을 돌아가며 이야기하는 시간을 갖기로 했다. 이 시간은 레오에게 자신을 표현할 하나의 기회가 되었다.

여기서 인상 깊은 것은 말주변이 별로 없는 아이에게 말할 기회를 주었다는 것이다. 사실 이렇게 하는 것은 매우 중요하다. 아이 스스로 자신을 시험하고 자신에게도 언어적 능력이 있음을 깨달을 수 있기 때문이다. 속내를 표현하지 못하는 사람은 자신의 표현력을 발휘할 기회가 없다. 이게 반복되다 보면 수줍음이 많거나 말주변이 없는 아이라는 딱지가 붙고, 아이 스스로도 자신이 그렇다고 믿어 버린다. 그렇다면 말수가 적은 아이에게 자신의 이야기를 할 수 있는 기회를 주기 위해서는 어떻게 해야 할까?

- 다른 형제들의 목소리에 그 아이의 목소리가 묻혀 버리지 않도록 '둘만의' 시간을 정해 대화를 나누어라. 아이가 자신의 생각을 표현할 수 있도록 독려하라. 아이가 관심을 갖고 기꺼이 이야기할 만한 주제를 선택하라.
- 가족 식사 시간에 모두가 자신의 이야기를 하는 의식을 치러라. 각자 그날의 경험을 이야기하다 보면 모두에게 공평하게 발언 기회가 돌아간다.
- 때에 따라 변화된 상황을 적절히 이용하라. 예를 들어 한 아이가 피아노 레슨을 받으러 가거나 친구 집에 놀러 갔다면 그 기회를 틈타 다른 아이에게 온전히 집중하는 시간을 갖는 것이다.

종종 나이가 아닌 성격에 의해 이런 불균형의 역학이 발생하기도 한다. 동생보다 누나나 형, 오빠가 수줍음이 더 많거나 말주변이 없을 수도 있다. 이런 경우에도 마찬가지로 말할 기회가 적은 아이에게 좀 더 관심을 기울여야 한다. 말수가 적은 아이에게 의식적으로 말을 걸고, 그 생각이 중요하다는 것을 알려주어라. 이 과정에서 아이는 긍정적인 언어 경험을 쌓고 자존감도 높아진다.

# 갈등 상황에서의 대화

아이들과 마음껏 웃고 무언가를 함께하며, 눈을 보며 대화하는 순간만큼 아름답고 행복한 시간은 없을 것이다. 하지만 아무리 화목한 가정이라 해도 전혀 갈등을 겪지 않을 수는 없다. 다양한 욕구와 서로 다른 생각 사이에서 끊임없이 균형을 맞춰야 하기 때문이다. 규칙은 대개 부모가 정하는데, 이 과정에서 종종 불화가 발생하며, 자녀들이 청소년기에 접어들 때는 이것이 더욱 심해진다. 특히 부모와 자녀의 바람과 욕구가 합의점에 도달하지 못할 때 잦은 다툼이 벌어진다. 예를 들면 출근 시간에 늦지 않으려면 아침에 서둘러 아이를 유치원에 데려다줘야 하는데 막내는 아침부터 장난감을 가지고 놀겠다고 고집을 피운다. 친구를 만나러 가기 전에 숙제를 마치겠다고 약속해놓고 지키지 않는 딸아이, 옷가지를 집 안 여기저기 늘어놓은 아들에게도 화가 치민다. 이처럼 부모가 그리는 가족의 모습과 현실이 맞아떨어지지 않을 때 갈등은 더욱 커진다.

아이 입장에서도 마찬가지다. 친구와 똑같은 스파이더맨 장난감을 갖고 싶은데 사주지 않는 아빠에게, 그네를 더 타고 싶은데 장을 봐야 한다며 재촉하는 엄마에게 화가 난다. 어째서 원하는 대로 되지 않는지 이해하지 못하는 것이다. 이는 일상에서 흔히 벌어지는 일로, 부모라면 누구나 한 번쯤 겪어 보았을 일이다. 이것이 다툼으로 번지는 것은 순식간이며, 갈등이 매듭지어지지 못할 경우 크든 작든 모두가 상처를 받는다. 그리고 다음 날 아침이 되면 어떤 광경이 벌어질까? 유치원에 갈 시간이 다 됐는데도 막내는 여전히 놀이에 빠져 있고, 큰아이의 잠옷은 오늘도 바닥에 아무렇게나 굴러다니고 있다.


## 화를 표출하는 것을 자제하라

화가 치밀거나 실망감에 사로잡힐 때 우리는 아이를 나무라며 사실이 아닌 표현을 쓴다. 부모라면 누구나 알고 있을 몇 가지 사례를 소개한다.

### 일반화

가끔 만나는 이웃집 여자와 대화를 나누고 있는데 아들이 목이 마르다며 마실 것을 달라고 졸라댄다. 아이는 주의를 끌고 싶은지 소매를 잡아당기다가 엄마가 반응하지 않자 기어이 대화에 끼어든다. 짜증이 난 엄마가 아이를 나무란다.

"잠깐 기다릴 수 없니? 어째서 매번 이렇게 이야기를 방해하는 거야?"

아이가 마음에 들지 않는 행동을 할 때 부모들은 '매번', '쉬지 않고', '끝도 없이' 같은 일반화하는 표현을 많이 쓴다. 효과적인 의사소통을 위해서는 특정한 상황에서의 특정한 행동에 초점을 맞춰야 한다. 객관적이지 못한 일반화 대신 현재 우리에게 필요한 것과 아이에게 기대하는 바를 설명해주는 것이 좋다.

"엄마가 지금 이야기를 끝까지 하고 싶으니 조금만 기다리렴."

### 과장

일이 힘들거나 스트레스를 받는 상황에서 인내심에 한계가 왔을 때 우리는 아이에게 과장된 표현을 쓰는 경향이 있다. 예를 들어 아이가 실수로 유리컵을 깨트렸을 때 '핀잔'을 내뱉는 것이다.

"너는 뭐든지 부숴야 직성이 풀리는구나!"

일반화와 과장이 반복될수록 아이는 나무람에 '면역'된 반응을 보인다. 하지만 과도한 꾸짖음으로는 건설적인 변화를 유도하기가 힘들다. 게다가 아이는 좌절감과 모멸감에 사로잡힌다. 이때도 특정한 상황에서의 특정한 행동을 지적하고 무엇이 바람직한 행동인지 이야기하는 것이 효과적이다.

"유리컵을 한 개만 들고 있으면 떨어뜨리는 일이 없을 거야."

**모욕**

부모의 심기가 불편한 상태에서는 아이를 모욕하는 일도 쉽게 벌어진다. 예를 들면 네 살배기 딸이 상점 진열대에 있는 인형을 사 달라고 했을 때 부모 입에서는 이런 말이 튀어나올 수 있다.

"너는 정말 고집불통에 구제불능이구나!"

모욕적인 언사를 들으면 아이도 어른과 비슷한 반응을 보인다. 서럽거나 분노와 반항심이 치솟거나. 아이로 하여금 잘못을 깨닫게 하거나 행동의 변화를 유도하는 게 목적이라면 모욕은 좋은 방법이 아니다. 그보다는 당신이 아이에게 어떤 행동을 기대하는지 직접 이야기하는 편이 낫다. 혹시 아이가 분노의 감정을 표출할 때는 그 감정을 투영시켜주는 것이 도움이 된다.

"인형을 갖지 못해서 화가 난 건 이해해. 그런데 그렇게 소리를 지르면 머리가 아프니 조용히 이야기했으면 좋겠어."

## '나 메시지'를 사용하라

아이의 행동으로 인해 부모의 욕구를 침해당했다는 느낌이 들때는 '나 메시지'를 이용해 의사를 전달하는 것이 중요하다. 토머스 고든은 대표작 《부모 역할 훈련》에서 '너 메시지'와 '나 메시지'의 차이점을 알기 쉽게 설명한다.

'너 메시지'는 아이를 평가한다.

"너는 정리정돈을 너무 못해!"
"너는 어째서 매번 늦는 거니?"
"너는 정말 사람을 짜증나게 만들어."

이와 반대로 '나 메시지'는 당면한 상황에서 우리가 느끼는 감정을 전달한다. 부모는 '나 메시지'를 통해 자신을 부담스럽게 하는 것과 자신이 느끼는 것을 이야기한다. 이로써 아이로 하여금 부모의 감정을 공유하게 만들고 이해를 유도한다. '나 메시지'를 활용하면 아이의 짜증을 유발하는 비난을 쏟아내지 않기 때문에 아이가 방어 태세를 취하는 일도 벌어지지 않는다.

이렇게 말하지 말 것: "너는 정리정돈을 너무 못해!"
이렇게 말할 것: "나는 주변이 엉망인 걸 좋아하지 않아."

이렇게 말하지 말 것: "너는 어째서 매번 늦는 거니?"
이렇게 말할 것: "네 귀가가 늦어지면 난 걱정이 된단다."

이렇게 말하지 말 것: "너는 정말 사람을 짜증나게 만들어."
이렇게 말할 것: "내가 지금 너무 피곤해서 조금 쉬어야겠구나."

'너 메시지'를 사용함으로써 부모는 아이를 폄훼하고 아이의 어떤 점이 나쁘다는 신호를 보낸다. 그러나 자신이 무엇을 느끼고 자신의 상태가 어떤지는 직접적으로 전달하지 않는다. 그에 반해 '나 메시지'를 사용해 자신의 감정을 표현하면 아이의 행동이 자신에게 어떤 영향을 주는지 설명할 수 있다. 그러면 아이도 행동을 변화시키기가 한결 쉬워진다.

## 상대방의 입장에서 생각하기

어느 정도 시간이 흐르고 감정의 소용돌이에서 벗어난 뒤에는 아이와 약간의 거리를 두되 애정 어린 태도로 이전의 갈등 상황에 관해 다시 한 번 이야기를 나누는 것이 좋다. 이때 아이가 달리 행동하기를 바라는 이유도 설명해주면 더욱 좋다. 같은 눈높이에서 사실 관계를 설명해주면 아이는 자신이 존중받고 있다는 느낌에 대체로 납득하는 태도를 보인다. 다시금 아이를 비난하거나 아직 용서하지 않았다는 낌새를 주는 것은 절대 금물이다. 아이가 소리를 지르거나 문을 쾅 닫아버리거나 주변을 어지르거나 그 외에 조화와 질서를 깨는 행동을 할 때 우리가 어떤 기분을 느꼈는지 충분히 여유를 갖고 아이에게 설명하는 것이 관건이다.

아이가 부모의 마음을 이해하게 하려면 입장을 바꾸어 생각해보게 유도하면 된다. 같은 상황에서 우리가 느끼는 감정을 아이도 느껴본 적이 있는지 물어보는 것이다. 만 4세 이상만 돼도 아이들은 부분적으로나마 상대방의 입장에서 생각하는 것이 가능하다.

"엄마가 이웃집 리나 아주머니를 만날 기회가 많지 않잖니. 그런데 오늘은 중요한 이야기를 나눠야 해. 그런데 네가 말을 끊으면 집중할 수 없어서 짜증이 나. 그게 어떤 느낌인지 알겠니? 무슨 말을 하려고 하는데 자꾸만 무언가에 막힐 때의 기분 말이야. 그럼 화가 나거든. 너도 무슨 이야기를 하려는데 다른 사람이 자꾸만 방해한 적이 있니?"

아이가 어리다면 이야기나 그림책을 이용해 설명하는 것도 방법이다. 예컨대 화가 잔뜩 난 인물이 등장하는 그림책을 함께 들여다보며 주인공이 분노를 쏟아내는 대상이 어떤 기분을 느낄지 구체적으로 얘기하면 된다.

갈등 상황에서는 양쪽 모두가 스트레스로 인해 정상 궤도에서 벗어나기 쉽다. 심지어 갈등 상황에서 침착하고 예의 바르게 대처하는 법을 한 번도 배우지 못한 채 성장한 어른도 많다. 안타깝게도 이런 사람들은 상대방이 어떻게 반응할지 두려운 나머지 자신의 욕구가 침해당했다는 사실을 말로 표현하는 대신 공격적인 모습을 보이거나 상대를 과도하게 비난하거나 냉소가 묻어나는 말이나 행동을 하는 것으로 자신의 마음을 드러낸다. 그렇기 때문에 부모는 갈등 상황에서도 모범을 보여야 한다. 그래야 아이도 이후 같은 상황이 발생했을 때 '폭발'하거나 '회피'하는 대신 자신의 생각을 명확하게 드러낼 것이다.

## 일방적인 '지시'는 금물

부모와 아이가 원하는 것이 다르면 다툼이 벌어진다. 그런데 생각의 차이가 가시화되면 부모는 '지시'를 하는 경향이 있다. 행동 지침을 내리는 것이다. 안타깝게도 이런 방식의 의사소통은 상대방에게 반항심을 일으키며, 사실 이때의 다툼은 정해진 수순이나 다름없다.

아이들은 부모가 자신의 말에 귀를 기울이고, '지시'하는 대신 자신의 감정을 투영시킬 때 협조적인 반응을 보인다. 부모가 자신의 바람과 욕구를 존중해준다고 느끼는 것이다.

화창하지만 쌀쌀한 봄날 아침에 네 살배기 딸이 웃으며 다가와 샌들을 가리키며 이렇게 말한다고 가정해보자.

"나 오늘은 이거 신고 유치원 갈래요!"

아마도 당신은 여느 때와 다름없는 모드로 이렇게 대답할 것이다.

"안 돼. 빨리 나가야 하니까 어서 부츠를 신어!"

아이는 어떻게 반응할까? 당연히 반발할 것이고, 엄마가 자신의 마음을 이해해주지 않는다는 생각에 울음을 터뜨릴지도 모른다. 그러나 아이를 향해 몸을 숙이고 아이의 마음을 존중한다는 신호를 줄 경우 상황은 달라진다.

"예쁜 샌들을 갖게 돼서 기분이 좋은 모양이구나."

이로써 당신은 아이의 기쁨을 인지하고 있음을 보여줄 수 있다. 자신의 마음을 이해 받았다고 느낀 아이는 이렇게 말할 것이다.

"네, 너무 예쁘고 오늘 입은 치마하고도 잘 어울려요."

이때 당신은 이렇게 제안함으로써 단순한 '지시'를 넘어 아이를 설득할 수 있다.

"샌들이 예쁘기는 하지만 아직 날씨가 추워서 그걸 신고 가면 감기에 걸릴 거야. 샌들은 여름 신발이잖니. 유치원에 가거나 밖에서 놀 때는 부츠를 신고 샌들은 가지고 가서 실내화 대신 신는 게 어떨까? 그리고 치마하고 정말 잘 어울리는구나."

얼핏 보면 시간이 더 소요될 것 같지만 실제로는 그렇지 않다. 부모의 엄한 '지시'에 반항하는 아이를 달래는 데는 적잖은 시간이 걸리지만 이렇게 하면 아이도 수긍할 가능성이 높아져 결과적으로 더 짧은 시간에 아이를 설득할 수 있다.

## 협조는 자율성에서 나온다

누구나 알고 있는 한 가지 법칙이 있다. 상대방에게 아무런 강요도 받지 않고 자유로운 결정을 할 수 있을 때 나 역시 그가 바라는 것을 배려하고 원하는 것을 들어줄 마음이 생긴다는 사실이다. 아이들도 마찬가지다.

아이들의 협조는 자율성에서 나온다. 이들은 대개 무언가를 결정하는 과정에서 자신의 아이디어를 발휘할 수 있을 때 더 협조적인 태도를 보인다. 가령 열 살짜리 아들에게 놀기 전에 숙제부터 하라고 하기보다는 오후 시간 중 언제 숙제를 할 것인지 스스로 정하게 하는 것이 훨씬 효과적이다.

열두 살 소년 닉은 부모와 갈등을 겪고 있다. 부모는 음악적 재능이 뛰어난 아들이 3년 전부터 받아온 피아노 레슨을 계속하기를 바랐다. 그러나 닉은 수업 환경이 불편하고 무엇보다 선생님이 마음에 들지 않아 이미 의욕을 잃은 상태. 새로운 선생님을 알아보자는 엄마의 제안도 받아들이고 싶지 않다. 이로 인해 닉과 부모 사이에는 몇 주에 걸쳐 언쟁이 벌어졌다. 아빠는 '끝까지 해내는 게 없다'며 아들을 나무랐다. 닉에게 피아노를 계속 배우느냐 마느냐는 매우 중요한 문제였다. 아빠가 이 문제를 물고 늘어질수록 닉은 더 고집스럽고 반항적인 태도를 보였다.

그러던 어느 날, 엄마가 닉에게 물었다.

"그래, 그럼 네가 하고 싶은 방법은 뭐니?"

그 말에 닉은 주저하지 않고 유튜브 영상을 보며 혼자서 배워 보겠다고 했다. 매달 한 곡씩 골라 연습한 뒤에 부모 앞에서 연주해보이겠다는 제안이었다. 피아노는 선생님에게 배워야 한다고 믿고 있는 전통적인 관념으로는 납득할 수 없었지만 부모는 아들의 제안을 받아들였다.

이 방법은 효과가 있었다. 닉은 선생님에게 교습 받던 때보다 더 오래, 그리고 열정적으로 연습에 몰두했고, 무엇보다도 피아노 치는 것을 무척 즐기게 되었다.

아이의 제안이 모두 성공적인 결과를 가져오는 것은 아니다. 다만 여기서 중요한 것은 결정 과정에서 아이의 의견이 반영되었다는 것이다. 가족치료사인 예스퍼 율은 《부모 코칭Föräldra-Coaching》에서 이렇게 말했다.

"아이들은 무엇보다도 부모에게 기쁨을 주고 자신이 부모에게 소중한 존재임을 몸으로 느끼고 싶어 한다. 그러니 아이에게 도움을 청하라고 조언하고 싶다. 내가 어떻게 해야 할지 모르겠구나. 오늘 유치원에 결석하고 싶은 마음은 이해하지만 나는 출근을 해야 하거든. 네가 좀 도와주렴."

더불어 이런 말도 했다.

"아이가 해결책을 내놓을 수 있고 그렇지 못할 수도 있지만, 아이가 존중받는다는 느낌을 경험하고 나면 갈등은 잦아들기 마련이다."

# 다툼의 덫:
# 당면한 주제에서 벗어나기

　아이와 다툼이 벌어졌을 때 부모들이 흔히 걸려드는 덫 한 가지가 있다. 감정이 상한 나머지 다툼의 직접적인 원인을 넘어 최근에 아이 때문에 화가 치밀었던 순간들을 모조리 '비난의 솥'에 담아 펄펄 끓는 죽을 아이에게 퍼붓는 것이다. 갈등 상황에서는 대화를 당면한 문제에만 집중하는 것이 중요하다. 덫에 걸려 아이에게 비난을 퍼붓다 보면 갈등 해소의 길은 점점 더 멀어진다.

　야니스는 평균 이상으로 지능이 뛰어난 동시에 사회성에 적잖이 문제가 있는 열다섯 소년이다. 무단결석을 밥 먹듯이 하고 부모에게 거짓말을 일삼는가 하면 동급생 친구 한 명을 따돌린 일도 있다. 이렇다 보니 당연히 부모와 갈등을 겪고 있다.

야니스가 '말썽'을 부릴 때마다 부모는 대화를 통해 아들의 문제 행동과 그 결과를 설명해주려 애쓴다. 대화는 대개 차분하고 객관적인 분위기에서 시작된다. 하지만 야니스가 좀처럼 받아들이려 하지 않는 탓에 금세 감정싸움으로 번지곤 한다. 그러고 나면 언쟁이 시작되고, 이때마다 엄마는 야니스가 지난 몇 년간 저지른 잘못들을 꺼내어 하나하나 열거하기 시작한다.

아들의 일탈을 자신에 대한 도전으로 생각하는 엄마로선 갈등의 원인에 초점을 맞추고 객관적인 태도로 접근하기가 쉽지 않다. 모든 문제를 하나의 덩어리로 뭉뚱그리려 하니 건설적인 해결책이 나올 리도 없다. 아니 불가능하다. 이런 일이 반복되면서 야니스는 점점 더 마음의 문을 닫아 버렸고, 격해진 감정에 비난까지 가중된 언쟁이 이어지면서 둘의 사이는 말 그대로 평행선을 달리게 되었다.

남의 일이 아니라고 느끼는 사람도 많을 것이다. 이렇게 자녀의 문제 행동이 우리 내면에 어마어마한 감정의 폭풍을 일으키는 순간에는 아이에게서 거리를 둔 채 해당 문제를 머릿속으로 정리해보는 것이 좋다. 어느 부분에서 공격받았다고 느끼는가? 무엇 때문에 그토록 감정적으로 반응하는가? 부모로서 어디에 초점을 맞추고 고민해야 하는가? 어떻게 하면 대화를 건설적으로 이끌 수 있으며, 어떤 방법이 도움이 될 것인가? 막막하게 느껴진다면 양육 상담이나 부모 코치를 받아보는 것도 해결책을 찾는 계기가 될 수 있다.

## 자녀의 발달 수준을 고려하라

아이들은 정말 몰라서 천방지축으로 행동하는 경우가 많다. 아직 아는 것이 많지 않은 탓에 특정한 맥락을 이해하지 못하는 것이다. 멀리 갈 것도 없이 우리 자신의 과거를 돌아보면 쉽게 납득할 수 있을 것이다.

겁 많은 여섯 살 소녀의 아빠이자 꾸준히 자신을 돌아보는 성격의 미하엘. 그는 가끔 자신의 어머니가 화를 내던 어린 시절을 떠올린다. 어머니는 대부분 미하엘이 무언가 잘못을 저지르고 그것을 인지하지 못했을 때 화를 냈다. 예를 들면 양탄자 위에 종이를 놓고 수성 펜으로 그림을 그렸을 때처럼 말이다. 미하엘은 어머니께 크게 야단을 맞고 난 뒤에야 양탄자 위에서 수성 펜을 쓸 때는 주의해야 한다는 사실을 깨달았다. 펜 끝이 종이를 뚫고 들어가 양탄자에 얼룩을 남긴다는 사실을 당시 4살짜리 아이에게 알려준 사람은 아무도 없었다. 오랜 세월이 흐른 뒤에야 그는 자신의 실수를 꾸짖은 어머니의 행동이 부적절했다는 생각이 들었다. 어머니는 어린 아들을 자신과 동등한 성인처럼 대한 것이다.

아빠 미하엘은 딸아이와 갈등이 벌어질 때면 자신의 어머니가 했던 것과는 달리 딸의 발달 수준에서는 아직 아는 것이 많지 않다는 사실을 계속해서 되뇌었다. 예를 들면 아침에 아이가 유치원에 갈 준비를 하는 대신 밖에 내리는 비에 주의를 빼앗겼을 때도, 함께 빵을 굽던 도중 실수로

탁자 위의 밀가루 봉투를 건드려 두 사람 모두가 밀가루를 온통 뒤집어 썼을 때도 마찬가지였다. 자신의 어머니처럼 행동하지 않기로 한 것이다. 덕분에 빵을 굽다가 사방이 엉망진창이 되고 주방이 밀가루로 하얗게 뒤덮여도 미하엘은 딸아이와 함께 웃을 수 있었다.

## 부모의 타임아웃

좋은 의도를 가지고 시작한 대화가 의도와 달리 첨예한 대립으로 치닫는 경우가 있다. 이런 징조가 감지된다면 즉시 비상브레이크를 당겨 상황으로부터 거리를 두어야 한다. 아이를 밀어낼 것이 아니라 부모가 먼저 자리를 벗어나 상황에 대한 통제력을 유지하는 방법이다. 말다툼이 격화되는 상황에서 대부분의 부모는 아이를 방 밖으로 내보내려 한다. 물론 아이는 이를 거부할 가능성이 높다. 이 경우 거의 100프로 감정이 폭발한다. 따라서 부모가 먼저 밖으로 나가 잠시 타임아웃을 갖는 편이 낫다.

아이에게는 나중에 이야기를 계속하자고 말해두는 것이 좋다. 그렇지 않으면 아이는 부모가 갈등을 종료시키고 발을 뺀다는 느낌을 받을 수 있다. 하지만 나중에 이야기를 계속하자고 하면 아이도 부모가 잠시 의식적으로 벗어나는 것임을 인지한다. 감정이 누그러질 때까지 잠깐 휴식을 취하는 것이다.

"엄마가 지금 너무 화가 나서 바람을 쐬어야겠구나. 잠깐 나갔다 올 테니 나중에 이야기하자."

감정이 폭발하기 전에 이렇게 벗어나는 것만으로도 반은 성공한 것이나 다름없다.

의식적으로 심호흡을 하는 것도 도움이 된다. 반복해서 숨을 깊이 들이쉬고 내쉬어 보라. 숨을 들이쉬며 하나, 둘, 셋. 내쉬며 하나, 둘, 셋, 넷. 이 과정을 여러 차례 반복하다 보면 어느 정도 마음이 진정될 것이다. 이 순간에는 오로지 호흡에만 집중해야 한다. 의식적인 심호흡은 감정을 가라앉히는 데 매우 효과가 있다. 감정이 다소 누그러졌다면 생각이 정리될 때까지 집 근처를 한 바퀴 돌거나 바람을 맞으며 마음의 안정을 찾으면 된다.

분노가 치밀고 짜증이 날 때 대부분의 사람들은 가능하면 문제를 빨리 해결하려고 한다. 화가 일으키는 내적 압박을 해소하기 위해 감정을 곧바로 분출하는 것이다. 그래서 이때는 소리를 지르거나 과장하거나 상대방을 모욕하는 등 평소와 달리 격한 모습을 보이곤 한다. 이렇게 화를 분출하는 것이 당장은 홀가분하게 느껴질 수 있지만 궁극적으로 상황을 해결하는 데는 도움이 되지 않는다. 격하게 화를 내는 부모의 모습에 아이가 정신이 바짝 들어 일시적으로 고분고분해질 수는 있다. 하지만 이는 이해와 수용을 통해 행동 변화를 유도하는 방식과는 거리가 멀 뿐더러 아이의 자존감을 손상시키는 방법이다. 따라서 이런 상황에 처했을 때는 부모와 아이 모두 여유를 갖고 한 걸음 뒤로 물러나 차분하게 문제의 원인을 찾아야 한다.

산만하기 그지없는 다섯 살 아들 톰과 세 살 딸 제시카를 혼자 키우는 슈테파니는 아이를 재울 때마다 신경이 날카로워졌다. 양치를 하고 잠옷을 입으라는 엄마의 말을 듣기는커녕 잠자리에 들 준비를 하고 있는 동생 제시카에게 장난을 치는 톰 때문이었다. 그럴 때마다 슈테파니는 톰을 주방으로 보내 '타임아웃'을 갖게 했다. 하지만 톰은 말을 듣지 않았고, 결국은 슈테파니가 소리를 질러야만 상황이 종료되는 일이 반복됐다. 자신이 읽어주는 동화책의 스토리를 들으며 잠드는 아이의 모습을 꿈꿨던 슈테파니로서는 그 꿈이 매번 수포로 돌아가는 것이 무척 괴로웠다. 대개는 매일 저녁 벌어지는 말다툼이 실패의 원인이었다. 혼자서 두 아이를 동시에 재우는 일이 무리라는 생각이 들었다.

슈테파니는 결국 습관을 바꾸기로 마음먹고 톰에게 어린이 TV프로그램을 틀어준 뒤 동생 제시카를 먼저 재웠다. 그런 다음 톰과 시간을 보내며 톰에게만 집중하는 시간을 가졌다. 엄마의 관심이 집중되자 톰도 엄마에게 훨씬 더 집중하는 모습을 보였다. 이렇게 작은 변화만으로도 상황은 훨씬 여유로워졌다. 간혹 아이가 말썽을 부려 화가 솟구칠 때도 있었지만 그때마다 슈테파니는 타임아웃을 갖기 위해 자신이 먼저 주방으로 자리를 피했다. 방을 나가기 전에는 톰에게 이렇게 말했다.

"톰, 이러면 너를 재워주기 힘들어. 엄마가 지금 너무 피곤하니 잠깐 주방에서 쉬고 있을게. 5분 동안만 혼자 놀고 있으렴. 그런 다음 다시 잘 준비를 해보자."

주방으로 간 슈테파니는 심호흡을 한 뒤 마음속으로 몇 가지 다짐('할 수 있다.', '흥분하지 말자.')을 한 뒤 다시 방으로 들어갔다.

대개는 아이도 혼자 있는 동안 조금 차분해진 상태였다. 이로써 슈테파니는 목소리를 높이거나 감정을 폭발시키는 일 없이 상황을 통제할 수 있었다. 그리고 마침내 자기 전에 아이에게 책을 읽어 주거나 그날 있었던 특별한 일에 관해 이야기를 나누는 순간을 맞이할 수 있었다. 결과적으로 둘 다 좋아진 것이다. 무엇보다 슈테파니는 자신의 행동에 이전보다 만족하게 되었으며, 아이에게 보인 모습으로 인해 밤마다 괴로움에 시달리는 일도 더 이상 겪지 않게 되었다.

## 암호 코드를 이용하라

공동의 '암호 코드'를 정해두는 것도 효과가 입증된 방법이다. 부모와 아이 간의 언쟁이 날카로운 양상으로 치달을 때 사전에 정해둔 '암호 코드'를 사용해 상황이 더 악화되는 것을 저지하는 것이다.

원칙은 아주 간단하다. 부모나 아이가 이 코드를 입 밖으로 뱉는 순간 양쪽 모두 말을 멈춰야 한다. 이는 자동차에 함께 타고 있을 때처럼 그 자리를 벗어날 수 없는 상황에서 유용하다. 암호 코드를 말함으로써 이른바 '송신 일시중단'에 대한 합의가 이루어진다. 화제를 덮어 버리는 것이 아니라 잠시 휴지기를 두고 양쪽 모두가 한숨을 돌린 뒤 다시금 이야기를 시작하기 위함이다. 엉뚱하거나 재미있는 단어, 상상의 단어를 고를 경우 그 자체만으로도 상황을 누그러뜨리는 데 도움이 된다. 한 예로 어떤 아이는 '팬케이크'라는 단어를 선택했는데 한창 다투다가도 아이가 큰 소리로 "팬케이크"라고 외치면 상황을 불문하고 웃음이 터져나왔다. 중요한 것은 양쪽 모두 다툼을 일시중단하기로 한 약속을 지키고, 합의에 따르는 의무를 아이에게 설명해주는 일이다. 간단한 합의서를 만들어 양쪽이 서명을 하여 '분쟁 합의'의 중요성을 강조하는 것도 방법이다.

## 사과

처음부터 완벽한 부모는 없다. 따라서 실패를 거듭하는 것은 당연하다. 다툼이 격화될 때 공격적인 태도를 취하고, 상대를 비난하며, 언성을 높이기도 하는 것은 매우 자연스러운 일이다. 중요한 것은, 어떤 경우든 부적절한 행동을 한 뒤에는 아이에게 사과하는 것이다.

"아까는 내가 언성을 높이고 지나친 말을 했구나. 네가 항상 먼저 동생에게 시비를 건다는 말은 사실이 아니야. 동생이 그럴 때도 있으니까. 하지만 오늘은 조용한 오후를 보낼 수 있게 돼서 행복하던 참에 네가 싸움을 일으켜서 화가 났단다. 소리를 지르고 심한 말을 해서 정말 미안해."

이렇게 함으로써 아이들은 어른들 역시 부적절한 행동을 할 때가 있음을 알게 된다. 동시에 잘못을 인정하고 말로 표현함으로써 타인의 상처에 공감하고 자기 행동에 책임지는 일이 가능하다는 사실을 배운다.

그런데 안타깝게도 아이에게 사과하는 것이 자신의 치부를 드러내고 권위를 잃는 일이라고 생각하는 사람이 있다. 사실은 그 반대다. 사과는 자아성찰과 공감 능력, 책임, 그리고 아이와 같은 눈높이에서 소통한다는 의미다. 아이에게 공감하며 소통할 때 아이도 이를 따른다.

## 갈등을 매듭지으려면

어떤 부모들에게는 아이와 언쟁을 벌인 뒤 다시금 아이와 가까워지는 일이 무척 어렵게 느껴질 것이다. 깊은 감정의 골로 인해 다시 좋은 관계로 돌아가기가 힘든 것이다. 쉽지 않겠지만 아이를 벌주기 위해 애정을 거두는 일은 없어야 한다. 엄마나 아빠가 화를 풀지 않고 자신을 외면함으로써 벌을 주는 것이 아이에게는 무척이나 괴로운 일이다. 그러는 동안 부모와 아이 사이에는 감정적 냉전이 자리 잡는다.

이 상태가 며칠간 지속될 수도 있다. 안타깝게도 이렇게 감정이 상해 있는 상태에서는 불쾌한 기분에 사로잡힌 나머지 아이의 기분을 인지하기가 쉽지 않다. 하지만 정서적으로 부적절한 양육 태도는 장기적으로 인간관계에 임하는 아이의 태도에 부정적인 영향을 미친다.

대부분의 아이들은 부모의 사랑을 되찾기 위해 어떤 행동이든 한다. 그래서 화목한 관계에 대한 욕구를 자신의 욕구보다 상위에 둘 수 있다. 자신에 대한 부모의 애정이 사라졌다고 생각한 아이는 부모가 원하는 대로 행동해야만 사랑받을 수 있음을 깨닫는다. 부모의 바람을 거스르는 행동을 하는 것은 곧 부모에게 거부당한다는 의미이며, 이는 아이 입장에선 비극이다. 이렇게 아이들은 부모에게 무조건적인 사랑을 받는 게 아니라 '완벽한' 모습을 보일 때만 사랑받는다는 사실을 배운다.

다니엘은 또래에 비해 무척이나 똑똑한 여덟 살 남자아이다. 그러나 화를 내는 빈도가 높고 규칙 지키는 것을 어려워하는 성향이다. 이런 다니엘 때문에 아빠는 걸핏하면 아들과 마찰을 빚었고, 그때마다 부자 사이에는 격한 다툼이 벌어졌다.

언쟁이 끝나면 아빠는 며칠간 텔레비전 시청을 금지하는 식으로 아들에게 벌을 내렸다. 엄마의 말에 따르면 이후에도 아빠는 계속해서 아들에 대한 실망감을 여과 없이 표출했다. 아들에게 말을 걸지도, 쳐다보지도 않으며 아예 공기 취급을 했다. 아들뿐 아니라 아내와 다투고 난 뒤에도 아빠는 같은 행동을 했다. 이런 식으로 아내와 아들 모두를 괴롭히다가 가족들이 수차례 사과를 한 뒤에야 화를 풀곤 했다. 때로는 가족들이 그의 기분을 달래주기 위해 잘못하지도 않은 일로 사과하는 날도 많았다. 최소한 아들에게는 그러지 말아 달라는 아내의 부탁도 소용없었다. 흥미로운 것은 그의 아버지, 다시 말해 다니엘의 할아버지도 갈등이 있을 때마다 똑같은 방식으로 대응했고, 그로 인해 그 역시 어린 시절에 고통을 받으며 성장했다는 사실이다.

다툼을 끝내는 가장 확실하고 좋은 방법은 말로 표현하는 것이다. 갈등은 언젠가는 끝나기 마련이다. 그리고 나면 다툼을 끝맺고 '공식적인' 화해를 할 수 있다.

"네 행동 때문에 화가 많이 났고, 그 이유가 뭔지도 설명해줬어. 나들이 가는 일이 계획대로 되지 않아 실망했을 네 마음은 이해해. 그렇지만 앞으로는 실망할 일이 생겨도 좀 더 배려 있게 행동했으면 좋겠어. 동생에게 화를 내고 소리를 지르는 일은 없었으면 좋겠구나. 기분이 풀렸으면 이제 화해할까?"

이렇게 말하며 악수를 청하거나 아이를 안아주어라. 그리고 이 시점부터는 다시 '사이좋은' 부모와 자녀 사이로 돌아가야 한다. 물론 말 한 마디로 기분이 완전히 좋아질 수는 없겠지만 눈앞에 있는 아이가 아직 완벽하지 않은 존재라는 걸 잊어서는 안 된다. 아이를 양육하고 옳거나 그르다고 여기는 것을 가르치는 일, 애정 어린 태도로 이를 실천함으로써 아이의 성장과 발달을 돕는 것이 부모의 의무다. 이는 아이의 행동을 보다 넓은 시각으로 바라봄으로써 가능하다. 아이의 그릇된 행동을 부모에 대한 공격이 아닌, 충족되지 못한 욕구를 서툴게 표현하려는 시도로 이해해야 하는 것이다. 다음 장에서는 비폭력 대화에 관해 서술하고 충족되지 못한 아이의 욕구에 어떻게 접근할 것인지를 다루려고 한다.

# 자칼과 기린:
# 비폭력 대화

자녀와의 사이에 빚어지는 갈등의 종류는 크게 두 가지다. 첫째는 부모의 바람이 아이의 욕구를 침해할 때 발생하는 갈등이다. 예컨대 식사 시간이 되어 부모가 아이에게 놀이를 중단하라고 요구하는 경우가 그렇다. 두 번째는 아이가 부모의 욕구를 침해하는 행동을 해서 발생하는 갈등이다. 조용히 통화를 해야 하는데 아이가 옆에서 큰 소리로 떠드는 상황이 여기에 해당한다. 이럴 때 부모는 처음에는 인내심을 발휘하며 다정하게 이를 제지하지만, 그럼에도 아이가 말을 듣지 않을 경우 다음과 같이 반응한다.

---

\* 원서에는 자칼이 아닌 '늑대'로 표기되어 있으나 본 장에 인용된 책이 국내에 《기린과 자칼이 춤출 때》로 번역 출간되어 있어 임의로 단어를 변경합니다._역자 주

- ✪ 지시: "당장 그만두라고 했지!"
- ✪ 비난: "넌 어째서 항상 그 모양이니? 도대체 말을 하면 듣는 법이 없어!"
- ✪ 처벌에 대한 위협: "당장 이리 오지 않으면 오늘 저녁에는 텔레비전 못 볼 줄 알아."
- ✪ 보상 제시: "빨리 와서 밥 먹으면 다 먹고 아이스크림 줄게."
- ✪ 조작: "너 때문에 매번 이렇게 스트레스를 받아서 나중에 엄마가 아플지도 몰라."

이렇게 대응하면 대부분의 아이들은 부모의 뜻대로 행동한다. 문제는 자유의지가 아닌 강요로 인한 행동이라는 데 있다. 강제성이 개입된 모든 관계에는 고통이 따른다. 이런 부모는 대개 본인 또한 같은 방식으로 양육되었으며, 이것이 강하게 내면화된 나머지 그것의 옳고 그름에 의심을 품지 않는다. 그러나 사춘기에만 접어들어도 아이들은 부모의 이런 양육 방식을 강하게 거부하고, 부모의 압박에 저항한다.

기존에 각인된 문화와 양육 방식으로 인해 우리는 갈등 상황에 처했을 때 반사적으로 상대방에게 갈등의 책임을 덧씌우려 한다. 다시 말해 나의 감정이나 욕구는 잘 드러내지 않으면서 상대의 잘못은 드러내는 식이다. 예를 들면 현재 내 기분이 어떤지, 혹은 무엇을 원하는지 설명하기보다는 상대방의 행동이 왜 그릇된 것인지 꼬집는다. 그러고는 "네가 항상 이렇게 불성실하게/이기적으로/거만하게 (……) 행동하기 때문에 내가 짜증이 났어."라는 식으로 책임을 상대에게 떠넘긴다.

그러면 공격받았다고 느낀 상대방은 방어 또는 반격 태세를 취한다. 우리가 상대를 향해 쏜 비난의 화살로 인해 비폭력 대화는 불가능해지고 분위기는 격화된다. 심지어 아이와의 대화에서도 이런 일이 자주 발생한다.

"매번 이럴 거니? 어째서 넌 항상 주변을 돼지우리로 만드는 거니? 밥 먹고 수저를 씻는 꼴을 본 적이 없구나. 정말이지 너 때문에 짜증이 나서 살 수가 없어!"

이런 말로 우리는 아이가 항상 주변을 돼지우리처럼 만든다고 단정 짓는다. 항상 잘못된 행동을 한다는 말은 곧 적절히 행동하는 법이 한 번도 없다는 의미다. 이는 폄훼이자 모욕이다. 게다가 짜증난 내 기분을 아이에게까지 전가하고 있다. 결과적으로 아이는 자신이 쓸모없는 존재라 믿고, 부모의 말에 건설적으로 대응할 동기를 잃는다. 어쩌면 아이는 "그렇지 않아요. 형제들 중에 제가 가장 열심히 치우잖아요."라는 말로 자기방어를 하거나 "엄마 아빠도 커피를 마시고 잔을 바로 치우지 않잖아요. 늘 책상 위에 며칠씩 놓아두면서."라며 반격을 해올지도 모른다.

이때 대화의 초점은 문제를 어떻게 해결하느냐가 아니라 누가 옳고 그른가에 맞춰진다. 자신이 쓴 식기를 아이가 치운다 해도 이는 그렇게 하는 게 옳다는 확신에서 나온 행동이 아닌 억지로 하는 행동이다. 이런 상황에서는 아이 스스로 행동을 변화시키고자 하는 동기가 생겨날 가능성이 거의 없다.

✦

그렇다면 이런 악순환에서 벗어나려면 어떻게 해야 할까? 마셜 B. 로젠버그는 비폭력 대화를 통해 압력을 행사하지 않고 자녀와 대화하는 방법을 보여준다. 여기에는 앞에서 설명한 몇 가지 요소(공감하며 경청하기, 아이의 감정과 욕구 이해하기, 나 메시지 등)가 중요한 역할을 한다.

비폭력 대화에서 특히 큰 의미를 갖는 것은 공감 능력이다. 나 자신은 물론 상대방에 대한 공감이 이에 포함된다. 여기서 핵심은 자신의 감정과 욕구는 물론 상대방의 감정과 욕구까지 파악하는 것이다.

비폭력 대화는 우선적으로 4단계에 걸쳐 적용되는 모델이다. 여기서는 다음에 설명할 네 단계를 언어적으로 실행하는 일뿐 아니라 그에 상응하는 공감의 마음을 갖는 것도 중요하다. 이를 달성하기 위해서는 많은 훈련이 필요하며, 이는 우리가 쓰는 언어를 통해 전달된다. 로젠버그는 자신의 의사를 표현하고 타인에게 이해받기 위한 기술로 인간관계를 강화시키는 비폭력 대화의 4단계를 고안했다.

1. 관찰
2. 감정
3. 욕구
4. 부탁

비폭력 대화의 목적은 공감이 결핍된 의사소통의 표본을 명확히 인식하고 상대방에게 다가가는 새로운 통로를 모색하는 데 있다. 자기 공감, 상대방에 대한 공감, 주의, 상대방의 가치 존중이 비폭력 대화의 토대가 된다. 폭력적이지 않은 대화는 갈등 상황에 처했을 때 상대방을 깎아내리고 내 감정의 책임을 떠넘기는 대신 내 감정을 내보이고 내가 필요로 하는 것(욕구)에 대해 이야기할 수 있게 해 준다.

## 기린의 언어와 자칼의 언어

로젠버그는 다양한 의사소통 방식을 명확히 설명하기 위해 기린과 자칼이라는 상징을 사용한다. 정확히 말해 기린과 자칼의 언어가 바로 그것이다.

세레나 루스트Serena Rust는 《기린과 자칼이 춤출 때Wenn die Giraffe mit dem Wolf tanzt》에서 비폭력 대화를 일상적으로 활용하는 방법을 이해하기 쉽게 묘사했다. 그는 자칼의 언어에 관해 이렇게 서술했다.

"자칼은 항상 무엇이 옳고 무엇이 그른지 정확하게 알고 있다. 그는 자신이 똑똑하다고 믿고, 자신의 관점이 모든 사람과 모든 것에 적용된다고 확신한다. 다른 이들이 무엇을 잘못했는지 지적하면서 자신은 그저 진실을 알려주는 것뿐이라는 확신에 차 있다."

그의 책에는 이런 문장도 등장한다.

"자칼에게는 사고, 특히 타인들에 대한 자신의 견해가 지배적이다. (중략) 그에게 감정이란 뭔가 미심쩍은 존재다."

자칼은 다른 이들에게 위협을 가하고, 대화 상대에게 두려움이나 죄책감, 수치심 같은 불쾌한 감정을 유발하는 무언가가 있으면 이를 처벌한다. 그로 인해 자신과 상대방에 대한 이해는 고사하고 계속해서 다툼만 유발한다.

반면 기린의 언어는 공감 어린 이해에 바탕을 두고 있다. 기린은 아량을 품은 육지 동물로, 기다란 목을 가진 덕분에 넓은 시야로 상황을 볼 수 있을 뿐 아니라 사건으로부터 거리를 두는 것도 가능하다. 기린은 자신은 물론 타인의 감정에까지 이르는 통로를 갖고 있다. 또한 자신의 욕구를 파악하는 것을 넘어 다른 이들의 욕구를 존중할 줄도 안다. 기린의 언어를 쓰는 사람은 상대를 위협하거나 명령하지 않으며, 또 자신의 의사를 진솔하게 표현한다. 이에 이르는 4단계는 다음과 같다.

### 1. 관찰

첫 번째 단계에서는 내가 왜 대화를 시작하는지 이야기한다. 이때는 평가를 배제한 채 내가 관찰한 것만을 이야기한다. 상황을 해석하지 않고 가능한 객관적으로 서술하는 것이다. 여기서 로젠버그는 어떤 평가도 없이 관찰하는 능력을 인간 지능의 가장 고차원적인 형태로 본 인도의 철학자 지두 크리슈나무르티Jiddu Krishnamurti를 계승하고 있다.

사실 해석과 평가라는 습관적인 행동에서 벗어나 순수히 관찰한 것만

전달하는 일은 결코 쉬운 일이 아니다. 이 과정만 성공해도 상대방이 내 말에 귀를 기울일 가능성이 한층 높아진다.

한 가지 상황을 상상해보자. 주말 계획을 세우기 위해 열두 살 아들에게 주말 농구 경기가 몇 시에 시작하는지 전날 미리 알려달라고 부탁한다. 그런데 이튿날이 되어도 아들은 아무런 답이 없다. 이때 나는 이렇게 내가 관찰한 사실만을 전달할 수 있다.

"토요일 농구 경기가 몇 시에 열리는지 어제 물었는데 아직 대답을 못 들었네."

하지만 이렇게 생각하는 대신 "너는 어째서 그렇게 허술하니?"라고 비난을 퍼붓는다면 아들은 방어적인 자세를 취하며 더욱 비협조적으로 나올 것이다.

### 2. 감정

두 번째 단계에서는 앞서 관찰한 것이 내게 일으킨 감정에 관해 이야기한다.

"기분이 좋지 않구나."

이 단계에서 나는 내 내면의 감정을 언급할 뿐 다음과 같이 상대방에게 그 책임을 전가하지는 않는다.

"너의 허술한 태도 때문에 화가 나."

첫 번째 단계(관찰)를 두 번째 단계(감정)와 연결하면 이렇게 말할 수 있다.

"토요일 농구 경기가 몇 시에 열리는지(관찰) 말해달라고 했는데 어제 이후로 아무 대답도 듣지 못해서 기분이 좋지 않구나(감정)."

이때 우리는 세레나 루스트가 강조한 대로 '~때문에'가 아닌 '~하면' 이라는 표현을 사용해야 한다. '~때문에'는 내 감정과 관찰 사이에 인과 관계를 형성하는데, 이것이 바로 우리가 피하려고 하는 것이기 때문이다. 반면에 '~하면'을 사용하면 내가 관찰한 것과 감정을 시간적으로 연결함으로써 내 감정에 대해 스스로 책임을 질 수 있다.

### 3. 욕구

이 단계에서 나는 내 감정의 이면에 어떤 욕구가 숨어 있는지 이야기한다. 사람들은 대개 이 단계에서 어려워한다. 자신의 욕구를 의식하는 데 익숙하지 않은 탓이다.

욕구는 보편적이라서 사람들을 서로 연결시켜 준다. 다시 말해 모든 사람들은 공통적인 욕구를 지니고 있다. 배고픔과 갈증을 해소하려는 욕구, 자유와 인정, 지지를 향한 욕구는 수많은 인간의 욕구 가운데 극히 일부다. 다만 개개인마다 욕구의 순위에 차이가 날 뿐이다. 어떤 것을 우선시하느냐는 사람마다 다르다. 욕구의 보편성 덕분에 우리는 타인이 이해할 수 없는 행동을 해도 그들을 이해할 수 있다. 그런 면에서 행동은 사람들이 욕구를 충족시키기 위해 활용하는 전략이기도 하다.

욕구를 명확히 표현하면 상대방의 이해를 구할 가능성도 높아진다. 우리는 대개 당면한 순간에 충족되지 않거나 부분적으로만 충족되는 욕구에 대해 불만을 품는다. 위의 사례에서 내 욕구는 주말 계획을 세우기 위해 확실성을 확보하는 일이다. 따라서 나는 앞서 언급한 문장에 다음과 같이 '~이 필요하기 때문에'를 덧붙일 수 있다.

"토요일 농구 경기가 몇 시에 열리는지(관찰) 말해달라고 했는데 어제 이후로 아무 대답도 듣지 못해서 기분이 좋지 않구나(감정). 내가 화난 이유는 주말 계획을 세우기 위해 일정을 확실히(욕구) 해둘 필요가 있기 때문이야."

사실 엄밀히 따져보면 아들이 경기 일정을 말해주지 않았다는 사실은 화의 촉발제일 뿐 직접적인 원인은 아니다. 내 반응은 충족되지 못한 확실성에 대한 욕구와 맞물려 있다. 이 욕구를 별로 중요시하지 않는 사람이라면 같은 상황에서도 훨씬 느긋하게 반응할 것이다. 말하자면 내 감정의 원인은 오로지 나에게 달려 있으며, 나의 충족되지 못한 욕구와 관련이 있다.

《내 아이를 위한 비폭력 대화 Ich will verstehen, was du wirklich brauchst》의 저자 프랑크와 군디 가슐러 Frank & Gundi Gaschler는 이런 관계에 대해 이렇게 설명했다.

'내가 비폭력 대화를 통해 얻은 가장 귀한 깨달음 중 하나는 바로 이것이다. 내 감정의 원인은 오로지 나의 내면, 즉 내 욕구에 있다. 타인의 행동은 기껏해야 촉발제로 작용할 뿐 결코 근본 원인은 될 수 없다. 내 감정은 충족되거나 충족되지 못한 내 욕구의 표시다.'[17]

## 4. 부탁

마지막 단계인 부탁에서 나는 상대방에게 내 욕구의 충족을 도울 수 있는 방법을 이야기한다.

"그러니 오늘 저녁까지 나한테 일정을 알려줄 수 있겠니?"

부탁은 가능한 구체적으로 표현되어야 한다. 따라서 다음과 같이 말해서는 안 된다.

"다음부터는 제대로 해!"

이런 표현에는 비난이 묻어 있으며, 아들은 이 말을 듣고 내 부탁을 들어주기 위해 구체적으로 무엇을 해야 하는지에 관해 아무런 실마리도 얻지 못한다.

부탁은 본질적으로 거절당할 가능성을 내포하고 있다. 그래서 상대방이 들어주지 않는다고 해서 처벌받거나 애정을 빼앗길 각오를 해야 하는 것이 아니다. 아이가 내 부탁을 거절하면서 부정적인 결과를 고려해야 한다면 이는 부탁이 아닌 강요가 된다. 따라서 나는 내 부탁이 거절당할 가능성도 염두에 두고 있어야 한다. 종합해보건대, 아래와 같이 말할 것을 권한다.

1. ~을 보니/들으니/생각하니/떠올리니/깨달으니
2. 슬퍼/두려워/화가 나.
3. 내게는 ~이 중요하기 때문에/~에 매우 마음을 두고 있기 때문에/~을 중요하게 생각하기 때문에/내게는 ~이 필요하기 때문에

4. 그래서 네가 ~라면/기꺼이 ~할 수 있다면/~하는 것이 괜찮다면 그렇게 해주었으면 해.

이 규칙에 의거하면 앞서 언급한 사례에서는 이렇게 구체적으로 바꾸어 표현할 수 있다.

"토요일 농구 경기가 몇 시에 열리는지(관찰) 말해달라고 했는데 어제 이후로 아무 대답도 듣지 못해서 기분이 좋지 않구나(감정). 내가 화난 이유는 주말 계획을 세우기 위해 일정을 확실히(욕구) 해둘 필요가 있기 때문이야. 그러니 오늘 저녁까지 나에게 일정을 알려줄 수 있겠니?(부탁)"

이런 방식으로 소통할 경우 아들이 부탁을 들어줄 가능성은 높아진다. 언쟁에서 흔히 관찰되는 일반화와 모욕("너는 정말이지 허술하기 짝이 없어!")을 통해 상대방을 짜증나게 만드는 대신 내가 관찰한 바를 중립적으로 전달했기 때문이다. 나는 비난을 섞지 않고 관찰한 사실에만 입각해 이야기한다. 또한 아들에게 내 감정과 그것의 이면에 숨어 있는 욕구를 전달함으로써 스스로를 솔직하게 열어 보이며, 아들에게 비난의 화살을 겨누거나 거북한 결과를 들먹이는 대신 내 안에 일고 있는 감정의 변화를 이야기한다. 아들이 부탁을 들어주는 이유는 나의 감정과 욕구를 이해했기 때문이다. 아울러 아이도 그 대가로 친밀함과 화목함, 이해를 향한 욕구 등 자신의 욕구를 충족시켰다. 미안하거나 수치심이 들어서 혹은 부정적인 결과가 초래될 것이 두려워서가 아니라 자발적으로 부탁을 들어준 것으로, 이는 진심에서 우러난 행동이다.

## 우리가 듣는 것

앞에서 자칼과 기린의 언어에 관해 이야기했다면 이제는 자칼과 기린의 귀에 관해 이야기하려 한다.

자칼의 귀로 들을 때 우리는 상대방의 말을 공격이나 모욕, 비난으로 받아들인다. 반대로 기린의 귀로 들을 때는 충족되지 못한 상대방의 욕구 및 그와 맞물린 감정을 파악할 수 있다.

아빠가 주말에 일해야 한다는 말을 들은 열한 살 아들이 "아빠는 주말마다 일하느라 나와 놀아주는 법이 없어요."라고 말한다. 공격받았다고 느낀 아빠는 금세 방어태세를 취하며 이렇게 대꾸한다.

"아니, 그렇게 말하면 안 되지! 지금까지 주말마다 너를 위해 시간을 내주었잖니. 너와 많은 시간을 보내려고 얼마나 애쓰고 있는데."

이 말에서는 독단적인 자칼의 태도가 묻어난다. 기린의 귀를 가진 아빠였다면 현재 아들을 사로잡고 있는 감정이 무엇인지, 충족되지 않은 욕구가 무엇인지 파악하려 노력하며 이렇게 대답했을 것이다.

"우리 아들이 섭섭한(감정) 모양이구나. 주말에 아빠와 하고 싶은 게 있는 모양인데(애착과 자극을 향한 욕구), 맞니?"

당연히 아들의 답도 달라질 것이다.

"맞아요. 아빠랑 자전거 타러 갈 생각에 주말만 기다렸어요."

바로 여기에서 공감에 기반한 대화가 시작된다. 여기서는 누가 옳고 그른가가 아니라 아이가 어떤 감정을 느끼는지, 어떤 욕구가 충족되지 않았는지를 파악하는 것이 중요하다. 이를 통해 아이는 애착과 자극을 향한 자신의 욕구에 아빠가 부응하도록 부탁하는 표현을 떠올릴 수 있다.

"그럼 일요일 근무 마치고 저녁에 저랑 놀아줄 수 있어요? 아이스크림 먹으러 가는 건 어때요?"

아빠는 이 부탁을 들어줄 수도 있고 들어주지 못할 수도 있다. 그러나 바람이 이루어지지 않더라도 아이는 이 말을 통해 충족되지 못한 자신의 욕구에 대해 이야기할 기회를 얻은 셈이며, 아빠의 공감하는 태도에 자신이 이해받았다고 느낄 것이다.

아이가 선을 넘는다거나 과도하게 움츠러드는 행동을 할 때 부모는 그 행동 뒤에 숨은 충족되지 못한 욕구를 이해하기 위해 노력해야 한다. 아이의 행동은 그 욕구를 충족시키기 위한 전략에 불과하다. "아빠는 주말마다 일하느라 나와 놀아주는 법이 없어요."라는 아이의 말은 애착을 향한 욕구를 가시화시키기 위한 전략이라 할 수 있다.

당연하게도 아이들은 어떤 감정을 느낄 때 부모를 향해 "아빠, 아빠가 주말에 출근하면 아빠와 놀고 싶은 제 마음이 충족되지 않아요. 그러니 퇴근 후에 저를 위해 시간을 내주실 수 있어요?"라고 말할 만큼 성숙하지 못하다. 그래서 비난을 통해 감정을 해소하려 드는 것이다. 그 욕구가 무엇인지 파악하고 공감하며 그에 대응하는 일은 부모의 몫이다.

비폭력대화를 일상에서 활용하기란 사실 쉽지 않은 일이다. 반사적으로 평가하고 해석하고 상대방에게 책임을 전가하는 일을 피하려면 시간을 두어야 한다. 처음에는 어색하겠지만 앞에서 제시한 표현들을 소리 내어 말하기 위해 노력해야 한다. 감정과 욕구를 표현하기 위해서는 그것을 의식하는 것이 먼저다.

아이가 비난을 쏟아낼 때 곧바로 방어나 회피, 반격에 나서지 않고 아이에게 감정을 이입하여 대응하는 것, 그리고 비난의 이면에 어떤 감정과 충족되지 못한 욕구가 숨어 있는지 포착하는 것도 매우 어려운 일이다. 집중력이 요구됨은 물론 어느 정도 속도를 늦춘 상태에서 많은 훈련을 해야 하기 때문이다.

# 함께 살지 않는 자녀와 애착 쌓기

 부모가 헤어지거나 떨어져 사는 경우엔 대개 아빠가 아이들과의 일상에서 벗어나 있는 일이 많다. 이처럼 부모 중 가족과 떨어져 사는 쪽이 자녀들과 원만하게 소통하기 위해서는 기본적으로 다른 한쪽이 이들의 애착 형성을 도와야 한다. 별거나 이혼에는 보통 부부 간의 불화가 수반되는데, 이때 아이를 싸움에 끌어들이거나 '전선'을 형성해서는 안 된다. 그럴 경우 아이가 이른바 '충성심의 갈등'에 휘말릴 수 있고, 이 과정에서 아이가 고통을 겪을 수 있다. 아이들은 엄마 아빠 모두와 좋은 관계를 유지하고 싶어 하기 때문이다.
 충성심의 갈등은 부모 모두와의 긍정적인 애착 형성을 방해한다. 부모 중 떨어져 사는 쪽과 자녀 사이의 안정적인 관계를 유지하기 위해서는 함께 부모 역할을 해나간다는 부모의 합의가 필수다.

자녀와 떨어져 사는 쪽은 아무래도 아이와 보내는 시간이 적은 만큼 친밀함을 형성하기가 어려울 수밖에 없다. 그렇다 보니 아이와 아이의 일상이 더 궁금하다. '내가 없는 동안 무슨 일들이 있었을까?', '학교에서는 어떤 모습일까?', '운동하는 아이의 모습은 어떨까?', '친구들과 잘 지내고 있는 걸까?'

아이를 날마다 보지 못하는 쪽은 이처럼 아이의 삶을 공유하고픈 갈망을 품고 있으며, 떨어져 있음으로서 소외감을 느끼게 될까봐 두려워한다.

그런데 대부분의 아이들은 이미 지나가 버린 일들에 관해 이야기하는 것을 좋아하지 않는다. 정확히 말하면 '시간에 따른 보고'를 좋아하는 아이는 거의 없다. 그래서 어른들이 캐물을수록 아이는 입을 닫아 버린다. 이런 상황에서 아이와 친밀한 관계를 유지하려면 어떻게 해야 할까? 자신이 곁에 없는 동안 아이가 경험하고 느낀 것을 나누는 자리를 매력적으로 만들면 된다. 부모가 '꼬치꼬치' 캐묻는다는 느낌을 받지 않게 해주면 된다. 예컨대 부모가 계속해서 질문을 쏟아낼 때 아이는 대화할 의욕 자체를 잃어버린다. 사실 이는 성인도 마찬가지다. 이때는 아이에게 너무 많은 질문을 마구잡이로 던지기보다는 최상급을 활용한 대화 주제를 고를 것을 추천한다.

- 지난주에 경험한 일 중에서 가장 즐거웠던 일은 뭐니?
- 친구들 중에 누구랑 노는 것이 가장 즐겁니?
- 학교에서 뭐가 제일 재미있었니?

- ✪ 제일 짜증났던 일은 무엇이었니?
- ✪ 제일 상냥한/친절하지 않은 선생님은 누구니?

최고라는 수식이 붙은 것은 매우 특별하기 때문에 쉽게 기억에 남는다는 것이 특징이다. 또 강렬한 경험은 아이에게도 강렬한 감정을 유발하는 만큼 나중에 다시 떠올리기도 쉽다. 다시 말해 지극히 '일상적인' 경험보다 훨씬 흥미진진하기 때문에 아이들도 즐거운 마음으로 이에 심취한다.

기본적으로 부모는 '예'나 '아니오'로 대답할 수 있는 질문보다 열린 질문을 던지는 것이 좋다. 열린 질문을 던지면 아이도 길게 대답해야 하기 때문에 서로 더 많은 대화를 나눌 수 있다..

**이렇게 질문하지 말 것**: 운동할 때 특별히 재미있었던 점이 있니?
**이렇게 질문할 것**: 운동할 때 특별히 재미있었던 점은 무엇이니?

아이가 당신의 질문에 답했다면 당신도 그에 부응해 일주일을 어떻게 보냈는지 이야기해주어라. 가장 즐거웠던 일, 짜증났던 일, 그 외에 아이와 나누고 싶은 이야기라면 무엇이든 좋다. 이렇게 하면 매일을 함께하지 못해 놓쳐 버린 아이의 일상에 관해 좀 더 많은 것을 알게 될 것이다. 게다가 아이와의 교류가 익숙해지면 대화가 양방향으로 흐르는 경험을 하게 될 것이다. 이 말은 곧 아이와 부모가 같은 눈높이에서 대화를 나눈다는 의미다.

상황이 허락한다면 이 시간을 일종의 의식처럼 만드는 것도 좋은 방법이다. 이 순간을 가능한 편안하고 아늑하게, 흥미롭고 즐겁게, 명랑하고 신나는 시간으로 만든다면 자연스럽게 아이와의 친밀도가 높아질 것이다. 특별한 음료(아이와 함께 만든 레모네이드나 재료를 함께 골라 만든 스무디 등)를 한 가지 정해 오로지 이 시간에만 마시는 것도 방법이다. 텐트를 치고 둘만의 '비밀 대화 장소'로 삼아도 좋다. 이런 의식이 습관으로 정착되면 아이와 매우 의미 있는 교류를 나눌 수 있을 것이다.

의식은 아이에게 안전감을 준다. 아이는 이런 의식을 통해 아빠 또는 엄마와 일상을 함께할 수는 없어도 자신에게 관심을 품고 있다는 걸 느끼게 될 것이다. 하지만 아이와의 만남이 항상 같은 조건에서 이루어지는 것도 아니고, 계획에 변동이 생기는 경우도 있는 만큼 의식에 지나치게 집착하는 것은 지양해야 한다.

✦

언어를 통한 소통은 아니지만 함께 보내지 못한 시간에 관해 대화하는 또 하나의 방법이 있다. 바로 사진을 찍어 서로 보여주는 것이다. 휴대전화에 달린 카메라 덕분에 우리는 시간과 장소에 관계없이 사진을 찍을 수 있다. 일상의 모습 가운데 무엇이 아이의 흥미를 끌지 심사숙고하여 그 모습을 사진으로 남겨두어라. 이렇게 사진으로 기록을 만들어 아이에게 보여주며 대화를 나누면 된다. 아이가 휴대전화를 가지고 있다면 아이도 자신의 사진을 찍어 부모에게 보여줄 수 있다.

아이가 어릴수록 사진은 아이에 관해 이야기하는 데 시각적·물질적 보조 수단으로서의 역할을 충실히 해낸다. 운동화 한 짝을 찍은 사진을 보여주며 오랜 연습 끝에 마라톤 완주에 성공했다는 이야기를 아이에게 들려주어 보라. 현재 읽고 있는 책 사진도 좋고, 특별히 맛있게 먹은 음식의 조리법이 나와 있는 페이지를 찍어서 보여주는 것도 좋다. 아이들은 '실제로' 존재하는 것에 몰두하기 때문에 아빠나 엄마가 다음 만남에는 어떤 이야깃거리를 가져올지 기대할 것이다. 또 재밌다고 생각될 경우 아이도 다음번엔 자신에게 있었던 중요한 일을 골라 당신에게 보여줄 가능성이 크다.

한편 말이 아닌 다른 방법을 선호하는 아이도 있다. 예를 들면 그림이다. 지난주에 당신이 경험한 일 가운데 가장 중요하다고 생각되는 일을 그림으로 그려 보라. 가령 운동화 한 짝을 그린 뒤 그것이 당신에게 어떤 의미를 갖는지 설명해주는 식이다. 그런 다음 아이에게도 지난 일주일 간 있었던 일 가운데 가장 중요하다고 생각되는 일을 그려 보게 하고, 그에 관해 이야기한다. 수첩이나 노트 혹은 아이와 함께하는 시간을 특별하게 만들어줄 마법의 그림판을 미리 준비하면 더욱 좋다. 당신과 아이 둘 다 일기 쓰는 것을 좋아한다면 마음을 담은 교환일기를 써보는 것도 좋은 방법이다. 아이들은 이렇게 기록장이나 앨범을 뒤적이는 과정에서 큰 즐거움을 느낀다.

이런 방법들은 모두 '함께하지 못하고 놓쳐 버린' 시간에 관해 묻는 것을 어색하지 않게 만들어주는 멋진 의식이다. 그러고 나면 아이도 억지로 자기 이야기를 하는 게 아니라 자발적으로 즐거운 교류의 시간에 참여할 것이다. 물론 어느 정도 성장한 자녀라면 이런 방법들이 쉽게 통하지 않을 것이다. 독립심이 형성되고 부모로부터의 분리를 시도하는 사춘기 아이들은 부모가 '꼬치꼬치' 캐묻는 것을 가장 싫어하기 때문이다. 그렇다고 해서 강요는 금물이다. 아이와의 관계는 강요한다고 해서 되는 게 아니기 때문이다.

종종 탁구나 요리, 제빵 같은 취미 활동을 함께하는 과정에서 자연스럽게 대화가 이루어지기도 한다. 이런 기회를 잘 활용하면 "자, 이제 이야기를 해봐."라고 강요하는 것보다 훨씬 쉽게 대화의 포문을 열 수 있다. 또 하나, 심문이 아닌 교류하기 위함이라는 신호를 주려면 아이에게 질문을 던지기에 앞서 부모 자신의 이야기를 먼저 들려주어야 한다.

아내와 별거 중인 얀은 주말이면 열네 살 아들 막스를 만난다. 별거를 시작한 뒤로 얀은 막스에게 '다가가는' 일이 무척이나 어려웠다. 아들과 대화를 나누기 위해 온갖 시도를 다 해봤지만 번번이 수포로 돌아갔다. 막스는 아빠와의 대화에는 전혀 관심이 없다는 듯 얀이 제안하는 모든 것을 거절했다. 축구 연습장에 데리러 가 함께 차에 타서 말을 걸어 봐도 묵묵부답이었고, 함께 밥을 먹으면서도 어색하게 먹는 데만 집중했다. 막스와 완전히 '단절된' 기분이 든 얀은 좌절감에 사로잡혔다.

거부당했다는 느낌을 받았지만 얀은 포기하지 않았다. 그러던 어느 날, 얀은 막스에게 일요일 아침에 함께 조깅을 하자고 제안했다. 아들은 뜻밖에도 제안을 받아들였고, 덕분에 두 사람은 정기적으로 함께 운동을 하게 되었다. 한눈에 보기에도 막스는 이를 즐기는 듯했다.

처음 조깅을 시작한 날, 얀은 자신이 일주일을 어떻게 보냈는지 이야기해주었고, 아들은 짧게나마 질문을 던지며 흥미를 보였다. 얀은 막스의 소극적인 태도에 개의치 않고 이런저런 질문을 던졌다. 몇 주일이 지나자 막스는 조금씩 자신의 이야기를 하기 시작했다. 수학 선생님과 갈등을 빚은 일도 털어놓았다. 얀은 아들의 말에 귀를 기울이며 중간중간 질문을 던지고 그 상황에 어떻게 했으면 좋았을지를 함께 고민했다.

이때부터 아들은 주기적으로 자신에 관한 이야기를 했다. 두 사람이 만나는 일요일마다 이야기를 한 것은 아니지만 함께 조깅하는 동안만큼은 자신의 이야기를 털어놓았다. 얀은 매번 아들이 이야기를 나눌 의사가 있는지 가늠하고, 있는 그대로 아이를 받아들이려고 노력했다. 꼬치꼬치 캐묻기보다는 아들이 하는 대로 수용하고 그에 반응하겠다는 마음의 준비를 한 것이다. 그에게 중요한 것은 아들과 친밀감을 형성함으로써 대화의 기반을 마련하는 일이었다.

얀이 가족과 떨어져 살게 되면서 막스가 부모의 별거에 대해 은근한 원망을 품은 탓에 부자 사이는 다소 멀어진 상태였다. 이런 조건에서는 진심 어린 교류가 불가능했다. 그런 만큼 최우선 과제는 끊어진 두 사람 사이의 끈을 다시 잇는 일이었다. 얀은 아들과 조깅을 하며 자신의 일상을 이야기해줌으로써 그 끈을 다시 잇는 데 성공했다.

부모가 이혼한 뒤 아이가 이혼의 '책임'이 있다고 판단되는 쪽에게 거부 반응을 보이는 것은 지극히 자연스러운 반응이다. 아이에게 부모의 이혼은 커다란 고통이며, 이는 슬픔, 화, 회피, 불안 등의 여러가지 감정과도 연결된 일이기 때문이다. 만약 이때 아이가 거부 반응을 보인다면 엄마와 아빠가 아이의 삶에서 완전히 사라지는 것이 아니라 여전히 부모로서의 자리를 지키고 있음을 보여주는 것이 중요하다. 물론 아이가 거부하는 만큼 부모도 좌절감을 겪으므로 이는 결코 쉬운 일이 아니다. 가장 좋은 방법은 즐거운 활동을 함께하는 것이다. 예를 들면 아이가 좋아하는 운동을 함께하거나 영화를 보러 가거나 정원을 가꾸거나 요리를 함께 만드는 것이다. 이때는 아이의 속마음에 관한 정보를 캐내려 하지 말고 온전히 함께하는 기분이 들게 해줘야 한다. 이렇게 함으로서 자기 자신과 아이 모두에게 시간을 주는 것이다.

　이 과정을 통해 아이가 마음의 문을 열면 조심스럽게 다가가라. 적극적 경청에 유념하여 한 번에 너무 많은 것을 요구해서는 안 된다. 아이에게 어느 정도 대화할 마음이 있는지를 파악하고, 아이가 내보이는 만큼만 받아들이면 된다. 꼬치꼬치 캐묻기보다 아이 스스로 자신의 마음을 내보이도록 해야 한다. 아이가 정한 속도에 맞추다 보면 다시금 친밀한 교류가 이루어질 것이다.

　별거한 부모와 자녀가 정해진 면접교섭 시간 외에도 정기적으로 교류한다면 다음번 만남에서 더 쉽게 연결고리를 맺을 수 있다. 상황이 허락한다면 주기적으로 통화를 하며 연락을 유지하는 것이 좋다. 통화가 어렵다면 문자메시지나 다른 전자미디어를 활용해도 된다. 서로 멀지 않은 곳에 살고 있다면 일주일에 한 번 정도 방과 후 활동이 끝난 뒤에 아이를 데리러 가는 식으로 약속을 정할 수도 있다. 이런 약속은 아이에 대한 부모의 책임과 관심을 상징하기 때문이다.

이전의 관계로 돌아가기까지 아이에게 많은 시간이 필요할 것이다. 부모의 이혼은 기존에 가지고 있던 가족에 대한 가치관을 무너뜨리는 일이기 때문이다. 이 과정에서 아이들은 슬픔과 실망, 분노를 느끼는 동시에 혼란에 빠진다. 어른만 시간이 필요한 것이 아니라 아이도 시간이 필요하다는 것을 부모가 알아야 한다.

스벤은 아내와 이혼한 뒤로 열두 살 딸 리나의 하키 훈련이 끝나는 시간에 맞춰 훈련장을 찾는다. 그러고는 러시아워를 뚫고 아이를 집까지 데려다 준다. 자영업을 하고 있지만 딸의 훈련이 있는 날이면 모든 일을 제쳐두고 이 약속을 지키려 한다. 리나는 차에 올라타며 "안녕하셨어요?"라고 인사할 뿐 집으로 가는 내내 아무 말도 하지 않는다. 휴대전화만 만지작거릴 뿐 스벤 쪽으로는 거의 눈길을 주는 일이 없다. 스벤이 질문을 던지면 귀찮은 기색이 역력한 표정으로 단답형의 대답만 할 뿐이다. 아빠와 딸 모두에게 불편하기 짝이 없는 시간이다. 그럴 때마다 스벤은 굳이 시간을 들여 딸아이를 집에 데려다주는 게 과연 의미 있는 일인지 의문이 든다. 그러나 아무리 거부한들 언제나 네 곁을 지켜줄 것이라는 메시지를 주기 위해 스벤은 한 번도 빼놓지 않고 약속을 지켰다.

언젠가부터 스벤은 리나에게 질문하는 것을 포기했다. 아이가 차에 타는 순간 풍기는 어색한 긴장감을 조금이나마 없애기 위해 재빨리 라디오를 틀었다.

그렇게 몇 주일이 흐른 어느 날, 라디오에서 퀸Queen의 'Love of my life'가 흘러나오는 순간 한결같이 평정을 유지하던 딸이 별안간 울음을 터뜨리며 말했다.

"아빠는 늘 엄마가 아빠 인생 최고의 사랑이라고 했으면서 엄마와 나를 버리고 떠났어요. 아빠는 믿음이라곤 없는 사람이에요. 전 아빠가 싫어요!"

딸의 갑작스런 반응에 당황한 스벤은 어찌해야 할지를 몰랐다. 마치 둑이 터진 것만 같았다. 침묵만이 감도는 고된 시간을 감내한 끝에 마침내 딸은 아빠에게 말을 꺼낸 것이다.

집에 다다랐지만 두 사람은 한참을 울며 자동차 안에 그대로 앉아 있었다. 그리고 이튿날 함께 산책을 하기로 했다. 스벤은 리나가 솔직하게 감정을 털어놓아 준 데 고마움을 표했다.

이후 몇 주 동안에 걸쳐 둘은 많은 대화를 나눴다. 스벤에게는 결코 쉽지 않은 시간이었을 것이다. 그러는 동안 부녀 사이에는 다시금 친밀함과 온기가 감돌기 시작했고, 마침내 둘은 예전처럼 편하게 서로를 대할 수 있게 되었다.

스벤이 의도한 것은 아니지만 함께 음악을 듣는 일이 이들 부녀에게는 대화의 열쇠로 작용했다. 음악은 간접적으로 우리의 감정을 자극하고, 때로는 그 감정에 관해 이야기하게 만든다. 대화를 나누지 않더라도 함께 음악을 듣는 과정에서 친밀감이 형성되는 것도 이 때문이다. 그래서 말없이 함께 있는 것만으로도 연결고리가 생긴다.

아이가 명확히 거부 반응을 보일 때는 아이의 감정을 투영시켜 "내가 느끼기엔 네가 지금 무척 화가 난 것 같구나."라고 말해주는 것도 한 방법이다. 그런 다음 그 말에 아이가 어떻게 반응하는지 지켜보라. 때로는 이것이 대화를 촉발시켜 상황을 해명하는 대화로 이어질 수도 있다. 일단 이런 대화를 시작하고 나면 아이가 표현하는 감정, 심지어 비난에도 대응할 수 있게 된다. 감정을 표현할 기회를 얻은 아이는 부모가 자신을 이해하고 수용해준다고 느끼며, 이를 계기로 다시금 서로 가까워지는 기회를 만들 수 있다. 이 사례에서 스벤은 딸에게 완전히 거부당할까 두려워 딸의 감정에 접근할 엄두조차 내지 못했다. 자기감정을 소리 내어 말할 준비가 되었을 때 이를 실행함으로써 첫발을 내딛은 쪽은 딸 리나였다.

# 조부모와의
# 대화 시간

 아이들은 조부모와 보내는 시간을 무척이나 좋아한다. 할머니, 할아버지와 함께 있을 때는 시간이 멈춘 것 같고, 모든 게 자기 위주로 돌아가기 때문이다. 게다가 조부모는 아이를 다그치거나 다른 데 정신을 팔지 않고 오롯이 손자, 손녀에게만 집중한다는 인상을 준다. 할머니, 할아버지는 또한 부모가 짊어진 양육이라는 과제에서 자유롭기 때문에 덜 '엄격한' 경우가 대부분이다. 다시 말해 조부모는 손주들에게 어떤 성과를 내라고 요구하지 않고 그저 애정을 쏟으며 곁에 있어 준다. 있는 그대로 받아들여진다는 것은 아이들에게 무척이나 기분 좋은 일이다.

 조부모는 가족의 일상과 엮여 있지 않은 덕에 손주들에게 무한한 사랑을 쏟고, 좋은 것을 해주며, 아무런 강요 없이 편안함을 누리게 해줄 수 있는 멋진 위치에 있다. 숙제나 받아쓰기 연습을 시킬 필요도 없고, 방을 청소하거나 설거지한 식기를 치우라고 지시할 필요도 없다. 갈등이 일어날 수 있는 일상의 까다로운 일들에 조부모는 조금의 책임도 지지 않는다. 이는 조부모 자신은 물론이고 손주들에게도 친밀감을 형성시킬 수 있는 멋진 기회로 작용한다. 그렇다 보니 아이들은 흔히 조부모에게는 조건 없이 사랑받는다는 느낌을 받는다. 특히 부모와 자주 부딪히는 시기에는 이것이 큰 힘이 된다.

> 할머니는 저를 있는 그대로 사랑해주세요. 할머니에게는 무언가를 증명해 보일 필요도 없고, 제가 나쁜 성적을 받아도 화를 내시지 않거든요.
> 엘리아스, 11세

이런 여유로운 조건은 아이로 하여금 속내를 털어놓게 만들기도 한다. 어떤 평가나 판단의 대상이 될 염려가 없기 때문이다. 적극적으로 경청하며 손주의 말에 진심으로 귀 기울일 준비가 되어 있는 조부모는 손주의 메시지에 담긴 감정을 파악하고 그에 화답해줄 수 있다. 그리고 이런 공감대에서 풍요로운 대화가 이루어진다. 이때 중요한 것은 조부모가 풍부한 인생 경험을 믿고 섣불리 평가나 충고를 하기보다 아이의 말을 끝까지 들어주는 것이다.

물론 송신보다 수신을 많이 하는 것이 어렵게 느껴질 수 있다. 하지만 적극적 경청은 자기 자신을 내세우거나 자신의 판단을 강요하지 않고 섬

세하게 아이를 대하며 아이로 하여금 자기 이야기를 하도록 해주는 좋은 기술이다. 손주들은 조부모가 자신의 감정을 이해하고 수용해준다고 느낄 때 비로소 그들의 조언을 받아들일 가능성이 크다.

조부모 입장에서는 손주들과 나눌 화젯거리를 찾는 것이 쉽지만은 않을 것이다. 손주들이 일상의 한 부분을 차지하는 가족 구성원도 아닐뿐더러 가까이 살지 않는 이상 만나는 횟수도 드물기 때문이다. 그러나 아이들에게 조부모는 커다란 자산이다. 이들은 요즘 아이들이 상상도 할 수 없는 일, 그래서 더 흥미진진한 일들을 많이 경험했기 때문이다. 하지만 많은 조부모들은 '옛날' 이야기를 좀처럼 꺼내지 않는다. 손주들이 지루해할 거라 생각하거나 아이의 눈에 고루하지 않은 세련되고 현대적인 조부모로 보이고 싶은 마음에서다. 그러나 고루함과 세련됨이 서로를 배제하는 것은 아니다. 예컨대 항상 최신 유행을 찾아보는 할아버지도 자신의 유년기나 청소년기에 관한 이야기를 들려줄 수 있다. 인터넷도, 휴대전화도, 해외여행도 없던 시대의 모습이나 전쟁 이야기는 아이들에게 더 할 나위 없이 흥미로운 화젯거리다. 할아버지의 어린 시절에 관한 이야기를 들을 때면 아이들은 무언가에 홀린 듯 귀를 기울인다.

조부모의 부모에 관한 이야기 역시 무척 흥미진진한 이야깃거리다. 대부분의 아이들이 증조부모를 만나 본 적이 없기 때문이다. 부모의 어린 시절이 담긴 사진을 비롯해 옛날 사진들을 구경하는 것 또한 아이들에겐 크나큰 즐거움이다.

손주들에게 옛날이야기를 들려줄 때 조부모는 '송신' 비중이 큰 전문가 역할을 한다. 그러나 역할을 바꾸어 손주들이 현대에 관한 전문가 역할을 하도록 유도할 수도 있다. 조부모가 잘 알지 못하는 현대 문물에 관한 화제가 좋은 예다. 아이들은 흥미진진한 이야기에 귀를 기울이는 것도 좋아하지만 자신이 무언가를 설명하고 똑똑한 존재로 인정받는 것도 즐긴다. 기술이 발전하는 속도를 잘 따라가지 못하는 조부모 앞에서는 특히 전문가 역할을 톡톡히 할 수 있다. 조부모보다 현대 문물을 잘 이해하고 자녀들보다 자주 전문가 역할을 하는 부모를 대할 때와는 사뭇 다른 것이다.

아이들은 일정 연령이 되면 인터넷, 휴대폰, 컴퓨터, 텔레비전을 비롯한 최신 전자기기를 놀라우리만치 능숙하게 다루며, 그것이 어떻게 기능하고 활용되는지도 거침없이 설명한다. 조부모는 이런 아이들을 통해 유튜브나 인스타그램 같은 새로운 세상을 만날 수 있다. 손자가 좋아하는 동영상을 함께 보거나 손녀가 인스타그램에서 '팔로우'하는 사람들에 관해 귀를 기울이는 순간 조부모는 아이의 우주로 한 걸음 발을 내딛게 된다. 열린 마음으로 최신 유행을 받아들이려 노력하는 조부모는 아이들에게 인정받는다. 조부모가 인내심 있게 최근의 기술과 사회 변화에 관한 자신의 설명에 귀 기울여 주는 것이 손주들에게는 무척이나 기분 좋은 일이다. 아이들은 자신이 아는 것을 다른 사람과 공유하는 것을 즐기고, 이 과정에서 자신이 전문가가 된 듯한 자부심을 느낀다. 그리고 이는 긍정적인 자존감으로 이어진다.

어린 아이에게 있어 조부모와 카드놀이를 하고, 보드게임을 하고, 그림을 그리고, 찰흙놀이를 하고, 빵을 굽는 일만큼 즐거운 일은 없을 것이다. 부모는 직장생활이나 가족 문제로 아이와 즐거운 일을 함께할 시간이 부족한 경우가 많지만 조부모는 시간에 쫓기지도 않고 끝없는 인내심을 보여주기 때문이다. 게다가 이들은 아이를 섣부르게 평가하기보다는 긍정적으로 수용하며 옳은 행동을 하는 경우가 많다. 연륜에서 우러난 여유 덕분에 커다란 마음으로 손주를 대하는 것도 가능하다. 사랑과 인내, 수용과 여유, 그리고 신뢰는 친밀감을 형성하고 아이들에게 유익한 영향력을 발휘한다.

# 사랑은 모든 것을
# 옳게 만든다

　진심과 애정이 담긴 태도로 자신의 말에 귀를 기울이고 이해하려는 부모의 노력을 감지하면 아이들도 애정 어린 태도로 부모를 대한다. 이때 아이는 부모가 자신을 봐준다고 생각한다. 하지만 부모도 피곤하거나 슬프거나 긴장할 때가 있다 보니 언제 어디서든 '완벽한' 태도로 아이를 대할 수는 없다. 이는 지극히 정상적인 일이다.

　사랑은 우리로 하여금 헤아릴 수 없이 많은 일들을 옳은 것으로 만들어준다. 완벽한 경청은 불가능하고 간혹 아이를 향해 어설픈 표현을 쓰게 될지라도 사랑의 감정이 있는 한 우리는 아이와 좋은 관계를 유지할 수 있다. 아이는 부모가 다정한 모습으로 자신을 이해하려는 모습을 누구보다 빨리 감지한다. 한 가지 조언하건대, 아이의 감정이나 욕구와 관련된 대화를 나눌 때는 가능하면 속도를 늦추라고 권하고 싶다. 적극적 경청과 비폭력 대화는 우리로 하여금 적당한 집중력을 발휘할 수 있게 해주기 때문이다. 이는 스치듯 지나가는 대화와는 다르다. 특히 훈련이 미비한 상태에서 기존의 소통 방식을 바꾸려고 할 때 이 방법이 유용하다.

그런데 우리는 기존에 학습된 방식으로 소통한다. 수십 년 동안 그런 의사소통 방식에 양육되면서 그 방식이 내면 깊이 각인되었기 때문이다. 훈계나 평가, 경고부터 늘어놓는 기존의 방식을 개선하고 싶은 부모라면 의식적으로 경청하는 습관을 들이고 표현 능력을 길러야 한다. 의식적으로 노력하다 보면 으레 건네는 조언이나 피상적인 위로를 피할 수 있다. 이때 도움이 되는 것이 바로 속도 줄이기다.

속도 줄이기는 아이의 말에 반응하기 전에 잠깐 멈추어 생각해보는 것이다. "방금 네가 한 말을 내가 제대로 이해했는지 잠깐 생각해봐야겠구나."라는 식으로 말하면 된다. 이때 아이는 부모가 자신을 이해하기 위해 시간을 달라고 하는 것임을 깨닫는다. 이 과정에서 아이는 자신의 메시지가 존중받고 있다는 느낌과 자신이 소중한 존재라는 느낌을 동시에 받는다. 또 대화의 속도를 늦춤으로써 우리는 낡은 방식에 걸려들지 않고 의식적으로 소통할 수 있다. 그렇다고 단어 하나하나까지 신중하게 고민해야 한다는 뜻은 아니다. 아이가 자신의 욕구 충족을 위해 부적절한 방법을 쓰려고 할 때 제지하지 않고 내버려두어야 한다는 의미도 아니다. 부적절하다는 판단이 들 때는 단호히 "안 돼."라고 말해야 한다. 그러나 장기적으로 보면 반성의 시간을 갖게 하거나 무언가를 금지하기보다는 아이의 감정과 욕구에 초점을 맞추는 것이 더 많은 협조를 이끌어내는 방법이다.

문제 해결을 위한 대화, 즉 아이를 짓누르는 감정이나 충족되지 않은 욕구에 관한 대화를 나눌 때는 그것이 쉬운 대화여야 한다는 점을 잊지 마라. 즉 아이가 멋진 상상이나 소망, 꿈에 관해 마음껏 이야기할 수 있게 해주어라. 이렇게 할 때 아이는 부모와의 대화에서 기쁨을 느끼며, 이것은 좋은 관계를 형성하는 자양분이 된다. 아이에게 이야기할 여지를 주고 부모는 한 발 물러나 있을 때 아이의 자아가 긍정적으로 발달한다. 아이는 나름대로 중요하다고 여기는 자신의 상상에 관해 이야기하고 싶어 한다. 그것이 실현 가능한 이야기인지 아닌지는 중요하지 않다. 그저 아이에게 표현할 기회를 주고 마음껏 꿈을 꾸며 상상의 세계를 펼치게 해주면 된다. 이렇게 함으로써 아이는 놀이하듯 자신의 소망과 욕구를 표현할 기회를 얻는다. 이런 대화를 통해 자기 자신을 정의하고 자신의 입지를 보장받은 아이는 자신이 누구인지, 무엇을 좋아하고 무엇을 꿈꾸는지를 부모에게 들려준다.

이제부터 나오는 100가지 질문은 아이의 소망과 긍정적인 상상에 관해 대화할 수 있는 기회를 제공할 것이다. 이 책의 백미이기도 한 100개의 질문을 통해 아이들과 더불어 커다란 기쁨을 누리기를 바란다!

## 3장

# 아이의 세상을 여는
# 100가지 질문

지금부터 나오는 100가지 질문은 아이들의 생각과 감정의 세계로 통하는 열쇠라 할 수 있다. 단순히 '예' 또는 '아니오'로 대답할 수 없는 열린 질문들인 만큼 아이의 생각과 소망, 꿈에 대한 이야기를 놀이하듯 나눌 수 있을 것이다.

방법은 간단하다. 아이와 마주앉은 자리나 가족 모임에서 이 질문들을 골라서 해보면 된다. 아이가 여기에 나온 질문들을 이해할 수 있도록 함께 생각해보고 싶다고 설명한 뒤 대답이 기대된다고 먼저 말해두어도 좋다. 아이의 대답을 기록해둔다면 이것이 나중에 일종의 일기장 역할을 할 것이다. 아울러 아이가 대답한 것을 나중에 다시 읽어보는 일은 큰 즐거움이 될 것이다. 아이가 원한다면 자신의 대답을 스스로 적게 해도 좋다. 물론 이것은 선택이지 의무는 아니다.

모든 질문에 '숙제하듯' 순서대로 대답해야 하는 것은 아니다. 당신과 아이의 호기심을 끄는 질문부터 선택해도 좋고, 무작위로 한 페이지를 펼쳐 해당 페이지에 있는 질문을 골라도 좋다. 질문의 수준은 아이의 발달 상태에 따라 다를 수 있으나 대략 만 4세에서 5세 아동에게 적합하다.

아이의 대답을 통해 아이에게 고민이 있음을 알게 되었다면 2장에서 소개한 적극적 경청이 도움이 될 것이다. 이 장에는 이런 대화를 유도할 수 있는 질문도 몇 가지 등장한다. 특정 질문을 받은 아이가 자신을 괴롭거나 슬프게 만드는 무언가를 화제에 올렸다면 그것을 좀 더 근본적으로 파악하기 위해 적극적 경청 기술을 사용해보라.

대화를 특정한 방향으로 유도하고 싶지 않다면 '열쇠'를 사용해 아이의 대답에 반응할 수도 있다. 여기서 '열쇠'는 부모의 주관적 평가나 감정이 실리지 않은, 그저 아이가 이야기를 계속할 수 있게 유도해주는 중립적인 대답을 의미한다. "흥미롭구나." "정말이니?" "그래?"처럼 무심한 표현이 바로 이 '열쇠'에 해당한다.

'열쇠'를 사용해도 아이가 입을 열지 않는다면 추가 질문을 던질 수 있다. 아이 스스로 대답을 하거나 그에 대한 근거를 들지 않을 때는 '왜?'를 덧붙이는 방법이 있다.

각각의 질문에는 이를 심화시키는 추가 질문을 덧붙였다. 물론 이 또한 필수는 아니다. 추가 질문에 대한 아이의 대답에도 '열쇠' 질문으로 반응하는 것이 좋다. 그렇게 하면 아이가 자신의 생각을 최대한 폭 넓게 서술하는 데 도움이 된다.

아이가 질문에 대한 답을 끝냈다면 이제는 부모가 대답할 차례다. 이로써 교류가 시작되고, 아이 역시 부모에 관한 무언가를 알게 된다. 이는 친밀감을 형성하는 것을 넘어 양쪽 모두를 즐겁게 만든다. 가족 구성원이 돌아가며 질문에 답하는 방법도 있다. 다양한 의견은 대화의 재미를 한층 높여준다. 예를 들면 일요일 아침 식사 자리에서 게임하듯 서로에게 질문을 던지고, 모든 구성원이 돌아가며 한 질문에 대답하는 식이다.

이제부터 소개할 100가지 질문은 7개의 카테고리로 나눠져 있다. 그렇다고 해서 그 질문이 해당 카테고리에만 한정되는 것은 아니다. 즉 어떤 질문은 다른 카테고리에도 포함될 수도 있다. 아이 또는 가족과의 대화가 당신을 어디로 데려갈지 설레는 마음으로 지금부터 나오는 질문을 즐기길 기대한다.

# 아이의 상상력

이 카테고리에 있는 질문들은 그저 아이와 주고받는 것만으로도 재미를 준다. 이 질문들은 아이의 상상력을 자극하는 동시에 모험심을 엿보게 해줄 것이다. 혹시 아이가 두려움에 관해 언급한다면 추가 질문을 던져보라.

## 01

### 네가 동물이라면 어떤 동물이고 싶니?

그 동물의 어떤 특징이 특히 마음에 드니?
그 동물의 특징 중 마음에 들지 않는 점은 무엇이니?
그 동물이 인기가 많을 거라고/사람들의 탄성을 자아낼 거라고/사람들을 두렵게 만들 거라고/엄청나게 힘이 셀 거라고 생각하니?

## 02

### 네가 마법사라면 어떤 마법의 힘을 갖고 싶니?

그 마법의 힘으로 네 삶을 어떻게 바꾸고 싶니?

## 03
### 네가 투명인간이라면 어떨 것 같니?

투명인간이 되면 어떤 경험을 해보고 싶니?
무언가가 너를 두렵게 만들 것 같니?

## 04
### 네가 슈퍼맨이 된다면 어떨 것 같니?

무엇을 위해 슈퍼맨의 능력을 발휘하고 싶니?
그게 네 삶을 어떻게 변화시킬 것 같니?

## 05

### 시간여행을 할 수 있다면 어느 시대로 가고 싶니?

어떤 경험을 하고 싶니?
어떤 게 가장 두렵니?

## 06

### 미래를 여행할 수 있다면 어떨 것 같니?

그곳에서 어떤 경험을 하고 싶니?
미래 여행과 과거 여행 중 어느 쪽에 더 마음이 끌리니?

## 07

**사람들의 생각을 읽을 수 있다면, 어떤 생각들이 특히 네 관심을 끌 것 같니?**

굳이 읽고 싶지 않은 생각들도 있니?

## 08

**지구 밖에서의 삶은 어떨 것 같니?**

너도 경험해보고 싶니?
그렇다면 어떤 점이 두려울 것 같니?

## 09

**미래를 미리 알 수 있다면, 무엇이 특히 네 관심을 끌 것 같니?**

굳이 미리 알고 싶지 않은 것이 있니?

## 10

**순간이동을 할 수 있다면 어디로 가고 싶니?**

그곳은 어떤 모습을 하고 있을까?
혼자서 그곳에 가고 싶니, 아니면 누군가와 함께 가고 싶니?

## 11

### 학교가 없어진다면 무얼 하고 싶니?

네 삶에서 어떤 점이 더 좋아질까?
네게 뭔가가 부족해질 거라고 생각하니?

## 12

### 이미 세상을 떠난 사람들 중 만나보고 싶은 사람이 있니?

그 사람의 어떤 점이 흥미롭게 느껴지니?
그 사람과 함께 경험하고 싶은 것이 있니?

# 아이의 소망

이 카테고리에 있는 질문들은 아이가 소망하는 것을 파악하는 데 목적이 있다. 무엇을 좋아하는지, 어떤 것에 자극 받는지, 무엇이 되고 싶은지, 무엇을 갖고 싶은지, 무엇을 꿈꾸는지를 묻는다. 아이의 대답에서 목적이나 꿈을 이루기 위해 아이가 추구하는 것, 혹은 아이에게 부족한 점이 드러날 수 있다.

## 13

### 너는 어떤 모험을 해보고 싶니?

그 모험의 어떤 점이 특별히 멋지게 느껴지니?
너에게는 그 모험의 어떤 점이 어려울 것 같니?
그 모험을 혼자서 경험하고 싶니, 아니면 누군가와 함께하고 싶니?

## 14

### 무엇으로 변장해보고 싶니?

변장하고 나면 어떤 느낌이 들 것 같니?
실제로 그 캐릭터/동물이 되어 보고 싶니?

## 15

### 네가 살아보고 싶은 곳은 어디니?

그곳에서 살게 된다면 네 삶의 어떤 부분을 변화시키고 싶니?
그곳이 특별히 어떤 점에서 좋을 것 같니?

## 16

### 어느 영화/텔레비전 방송의 주인공이 되어 보고 싶니?

그러면 어떤 점에서 네 삶이 나아질 것 같니?
더 좋지 않을 것 같은 점은 무엇이니?

## 17

### 한 가지 소원을 이룰 기회가 주어진다면 어떤 소원을 빌고 싶니?

그 소원이 이루어지면 네 삶이 어떻게 바뀔 것 같니?

## 18

### 네 성격을 네가 직접 정할 수 있다면 어떤 성격을 고르고 싶니?

그렇게 하면 삶이 어떻게 달라질 것 같니?
네가 아는 사람들 중 그런 성격을 가진 사람이 있니?

## 19

### 네가 아주 잘하고 싶은 것은 무엇이니?

그것의 결과가 무엇일까? 그로 인해 네 인생이 어떤 방식으로 변하게 될까?
그게 너에게 어떤 느낌으로 다가올 것 같니?
그것을 실제로 잘할 수 있는 사람을 알고 있니?

## 20

### 한 번쯤 시도해보고 싶은 일이 있니?

그게 어떨 거라고 생각하니?
그게 흥미진진할 거라고 생각하는 이유는 무엇이니?
그것을 이미 해본 사람을 알고 있니?

## 21

### 누구를 도와주고 싶니?

그 사람이 기꺼이 도움을 받을 거라고 확신하니?
그 도움을 주는 일이 네게 어려운 일일 것 같니?
예전에 누군가를 도와줘 본 적이 있니?

## 22

### 알고 지내고 싶은 사람이 있니?

그 사람에 대해 어떻게 생각하니?
그 사람의 어떤 점에 특별히 관심이 가니?
누군가를 알게 되었는데 네가 생각했던 것과는 전혀 다른 사람이었던 적이 있니?

## 23

**누구와 함께 하루를 보내 보고 싶니?**

그 사람과 무엇을 하고 싶니?
그날 가장 기대되는 것은 무엇이니?

## 24

**어떤 파티를 열어 보고 싶니?**

누구를 초대하고 싶니?
파티 장소는 어떻게 장식하고 싶니?
파티를 어떻게 진행하고 싶니?

## 25

### 네가 유명인사가 된다면 어떨 것 같니?

유명세를 타는 일에 어떤 장점이 있을까?
유명세를 타는 일에 어떤 단점이 있을까?

## 26

### 서커스 단원이 된다면 어떤 역할을 하고 싶니?

그게 왜 재미있을 것 같니?
너와 전혀 맞지 않을 것 같은 역할은 무엇이니?
서커스단의 삶이 어떨지 상상해본 적 있니?

## 27

### 네가 꿈꾸는 집은 어떤 모습이니?

그 집에 산다면 네 삶이 지금과 어떻게 달라질 것 같니?
그 집에서 누구와 함께 살고 싶니?
그 집에서 가장 중요한 방은 어느 방이니?

## 28

### 어떤 칭찬을 받으면 가장 기쁠 것 같니?

누구에게 그 칭찬을 받고 싶니?
다른 누군가에게 특별한 칭찬을 해준 적이 있니?

## 29
### 해보고 싶은데 용기가 나지 않는 일이 있니?

그걸 시도하는 데 무엇이 도움이 될 것 같니?
그걸 해낸다면 네 삶이 어떻게 변할 것 같니?

## 30
### 커서 무엇이 되고 싶니?

어떤 점에서 그게 특별히 흥미로울 것 같니?
그 직업을 가졌을 때의 네 삶이 어떨지 상상할 수 있겠니?

## 31

### 외딴섬에 간다면 누구를 데려가고 싶니?

그 사람의 특징은 무엇이니?
그 사람과 섬에서 함께하고 싶은 건 무엇이니?

## 32

### 외딴섬에 간다면 무얼 가져가고 싶니?

그곳에서 할 수 있는 것 중에 집에서는 할 수 없는 일은 무엇이니?
그곳에 가면 무엇이 가장 아쉬울 것 같니?

# 아이의 취향

✦·✦·✦

취향에 관한 질문을 던지면 아이가 무엇을 좋아하는지, 언제, 어디서 편안함을 느끼고 무엇에 흥미를 갖고 있는지 등을 파악할 수 있다.

## 33

### 가장 좋아하는 장소는 어디니?

그곳의 어떤 점이 특별하게 느껴지니?
그곳에 관한 추억이 있니?

## 34

### 가장 좋아하는 사람은 누구니?

그 사람의 어떤 점이 특별하게 느껴지니?
너도 그 사람처럼 되고 싶니?

# 35

## 시각, 청각, 촉각, 후각 중에서 네게 가장 중요한 감각은 무엇이니?

하나를 포기해야 한다면 어떤 감각을 선택할 것 같니?
이때 어떤 점이 가장 아쉬울 것 같니?

# 36

## 가장 좋아하는 계절은 언제니?

그 계절의 어떤 점을 가장 좋아하니?
마음에 들지 않는 점도 있니?

## 37

### 어떤 냄새를 가장 좋아하니?

그 냄새를 맡으면 무슨 기억이 떠오르니?
그 냄새를 떠올리면 어떤 느낌이 드니?

## 38

### 가장 좋아하는 영화는 무엇이니?

영화 속에서 일어나는 일들을 너도 경험해보고 싶니?
그 영화를 자주 보니?

## 39

### 가장 좋아하는 놀이는 무엇이니?

그 놀이의 어떤 점이 그렇게 재미있니?
누구와 그 놀이를 하는 것이 가장 즐겁니?

## 40

### 일 년 중 가장 좋아하는 날은 언제니?

그날을 특별하게 만드는 점이 무엇이니?
그날과 관련해 떠오르는 기억이 있니?

## 41
### 어떤 상황에서 특별히 편안하다고 느끼니?

그 상황에는 누구 혹은 무엇이 포함되어 있니?
그런 상황이 자주 있었으면 하니?

## 42
### 학교에서 쉬는 시간에 무엇을 가장 즐겨 하니?

그걸 할 수 없을 때는 무엇을 하니?
누구와 쉬는 시간을 보내는 게 가장 좋니?

## 43

### 지금껏 살면서 가장 멋진 날은 언제였니?

그날이 어떤 점에서 그토록 특별했니?
그날을 다시 한 번 경험하고 싶니?

## 44

### 가족과 친구 외에 네가 특별히 좋아하는 사람은 누구니?

그 사람을 자주 만나고 싶니?
그 사람의 어떤 점을 특히 좋아하니?

## 45
### 절대로 버리고 싶지 않은 물건은 무엇이니?

그 물건에 어떤 추억이 담겨 있니?
그것을 잃어버리면 어떤 일이 벌어질 것 같니?

## 46
### 방학 때 경험한 것들 중 가장 멋진 경험은 무엇이었니?

무엇이 그 경험을 그토록 특별하게 만들었니?
그 경험을 또다시 할 수 있을 거라고 생각하니?

# 아이의 가치관

여기에 나오는 질문들은 아이와 토론을 하거나 각자의 입장에 관해 의견을 나눌 때 적합하다. 아이의 머릿속 세상을 엿보고 아이가 자신의 입지를 어떻게 피력하는지 지켜보는 것은 흥미로운 경험이다.

## 47

**좋은 친구란 어떤 친구라고 생각하니?**

너 자신이 좋은 친구라고 생각하니?
너에게도 그런 친구가 있니?

## 48

**학교/유치원에서 마음에 들지 않는 점은 무엇이니?**

그 점을 어떻게 개선할 수 있을까?
그렇게 하기 위해 네가 할 수 있는 것은 무엇이니?

## 49

### 사람이 죽은 뒤에는 어떨 것 같니?

너는 죽음이 무엇이라고 생각하니?
죽음이 두렵게 느껴지니?

## 50

### 동물에게 감정이 있는지 어떻게 알 수 있을까?

동물들이 감정을 드러내는 것을 본 적이 있니?
사람들이 동물을 어떻게 대해야 한다고 생각하니?

## 51

### 너는 불의가 무엇이라고 생각하니?

너에게 그런 일이 벌어진 적이 있니?
너도 다른 사람을 부당하게 대한 적이 있니?

## 52

### 친구가 시비를 걸면 어떻게 대처하니?

그런 일이 있었던 적이 있니?
누가 시비를 걸었을 때 다른 친구가 도와준 적이 있니?

## 53

### 잘난 체하는 태도에 관해 어떻게 생각하니?

그렇게 행동하는 사람을 알고 있니?
그 사람이 왜 그렇게 한다고 생각하니?

## 54

### 엄마, 아빠가 하지 말아야 할 행동은 뭐라고 생각하니?

네 생각에는 엄마, 아빠가 그런 행동을 했을 때 어떤 일이 벌어질 것 같니?

## 55

**가장 친한 친구를 보호해야 할 때 너라면 어떤 행동을 하겠니?**

가장 친한 친구를 위해서라면 거짓말도 할 수 있을 것 같니?

## 56

**다툼이 벌어졌을 때 너는 어떻게 행동하니?**

다툼을 중재시키는 데 성공한 적이 있니?
다툼을 중재하는 데 뛰어난 사람을 알고 있니?

## 57

**외딴 산속 오두막에서의 삶을 상상할 수 있니?**

그렇다면 무엇이 가장 마음에 들 것 같니/가장 아쉬울 것 같니?
너는 혼자 있는 것을 좋아하니?

## 58

**멋진 패배란 어떤 것이라고 생각하니?**

멋지게 패배하는 방법을 아는 사람을 알고 있니?
너도 그렇게 행동해본 적이 있니?

## 59

**네가 아빠나 엄마가 되었을 때 네 아이들에게 우리가 한 것과는 다르게 하고 싶은 것이 있니?**

그렇게 함으로써 어떤 점을 기대할 수 있을 것 같니?
실제로 그렇게 행동하는 부모를 알고 있니?

## 60

**한 달 동안 휴대전화나 컴퓨터, 텔레비전 없이 살아야 한다면 어떨 것 같니?**

무엇이 가장 아쉬울 것 같니?
전자기기를 사용하는 대신 무엇을 가장 많이 할 것 같니?

## 61

**네가 백만장자라면 어디에 돈을 쓰고 싶니?**

그때 네 삶은 어떻게 달라질까?
그게 너를 더욱 행복하게 만들어줄 거라고 생각하니?

## 62

**하루 동안 말을 하지 않고 지내야 한다면 그 시간을 어떻게 보낼 것 같니?**

말을 하지 않는 데 어떤 좋은 점이 있을까?
무엇이 가장 아쉬울 것 같니?

## 63

**하루 동안 남자아이가 아닌 여자아이로(혹은 그 반대로) 지낼 수 있다면 어떨것 같니?**

어떤 점이 좋을 것 같니/불편할 것 같니?
그렇게 되면 해보고 싶은 게 있니?

## 64

**전쟁을 막기 위해 할 수 있는 일이 무엇이라고 생각하니?**

사람들이 가장 먼저 해야 하는 일은 무엇일까?

## 65

### 네가 대통령이라면 어떨 것 같니?

어떤 점이 좋을 것 같니/좋지 않을 것 같니?
네가 대통령이라면 우리나라에 어떤 변화가 생길까?

## 66

### 어른이 된다는 것은 어떤 일일 것 같니?

어떤 점이 지금보다 좋을까?
아이일 때는 어떤 점이 더 좋을 것 같니?

## 아이의 창의력

✦ ✦ ✦

이 카테고리의 질문들은 아이들의 아이디어를 다루고 있다. 아이들이 특정한 주제에 관해 어떤 생각을 하는지, 어떤 아이디어를 가지고 있는지 엿보는 것은 무척이나 흥미로운 일이다. 깊은 사고를 하도록 독려해주면 아이의 창의력을 자극할 수 있다. 또한 이 질문들에 대한 대답은 아이의 욕구와 소망, 결핍을 알 수 있는 열쇠이기도 하다.

## 67

**어떤 건물을 지어 보고 싶니?**

그 건물은 어떤 모습을 하고 있니?
누구를 위해 그 건물을 짓고 싶니?

## 68

**무얼 발명하고 싶니?**

그것이 네 삶을 어떻게 변화시킬까?
그것이 다른 사람들의 삶을 어떻게 변화시킬까?

## 69

**유리병에 편지를 넣어 보낸다면 편지에 무슨 말을 쓰고 싶니?**

네 유리병 편지를 누가 발견했으면 좋겠니?
읽는 사람이 어떤 반응을 보였으면 좋겠니?

## 70

**어떤 회사를 차려보고 싶니?**

그 회사의 어떤 점이 가장 큰 즐거움을 줄 것 같니?
그 회사를 차려서 무엇을 성취하고 싶니?

## 71

### 전기도 수도도 없는 자연 속에서 삶을 어떤 모습으로 꾸미고 싶니?

집에서의 생활보다 어떤 점에서 더 좋을 것 같니?
아쉬운 점은 무엇일까?

## 72

### 꼭 개발되었으면 하는 약이 있니?

그 약의 도움이 필요한 사람을 알고 있니?

## 73

### 네가 다른 사람에게 가르쳐줄 수 있는 것은 무엇이니?

그것의 어떤 점이 네게 즐거움을 주니?
어떤 점이 어려울 것 같니?

## 74

### 아무도 쓰지 않는 땅이 너에게 주어진다면 무엇을 하고 싶니?

그 땅에서 무언가를 한다면 혼자 하고 싶니, 누구와 함께하고 싶니?

# 아이의 선택

✦ ✦ ✦

선택에 대한 질문을 통해 부모는 아이가 선호하는 것이 무엇인지를 파악할 수 있다. 이 카테고리의 질문에는 추가로 다음 질문들을 덧붙일 수 있다.
- 그것을 선택할 경우 어떤 단점이 있을까?
- 누군가 그 반대의 것을 더 선호한다면 그 이유가 무엇일까?

이로써 자신의 생각과 반대되는 입장에 대한 이해 능력을 강화하고 토론의 장을 열 수 있는 기회를 늘릴 수 있다.

## 75
**너는 난쟁이와 거인 중 어느 쪽이 되어 보고 싶니?**

## 76
**산과 바다 중에 어디가 더 좋니?**

## 77
**사막과 남극 중에 어느 쪽이 더 좋니?**

## 78
**상어와 돌고래 중 무엇이 되어 보고 싶니?**

## 79
시골과 도시 중 어디에 사는 것이 더 좋니?

## 80
많이 친하지는 않더라도 친구가 많은 것과 친한 친구 한 명만 사귀는 것 중에 어떤 쪽이 낫다고 생각하니?

## 81
**질문하는 것과 대답하는 것 중에 어느 쪽이 더 좋니?**

## 82
**네가 손위 형제인 게 좋을 것 같니, 동생인 게 좋을 것 같니?**

## 83

**외동인 것과 형제들이 있는 것 중에 어느 쪽이 좋을 것 같니?**

## 84

**엄격한 선생님과 별로 엄하지 않은 선생님 중에 어느 쪽이 더 좋다고 생각하니?**

# 아이의 감정

이 카테고리의 질문들은 기쁨, 사랑, 슬픔, 두려움, 역겨움, 수치심, 놀라움, 분노 등 감정에 관한 것이다. 아이들이 어떤 상황에서 이런 감정을 느꼈는지, 자기 자신과 타인에게서 이 감정을 어떻게 인지했는지, 그리고 그에 어떻게 대처했는지가 질문의 핵심이다.

## 85

### 네가 꾼 꿈 중에서 지금도 기억나는 멋진 꿈은 어떤 것이니?

그 꿈이 현실이 되었으면 좋겠니?
좋은 꿈과 나쁜 꿈 중에 어떤 꿈을 더 자주 꾸니?

## 86

### 악몽을 꾼 적이 있니?

그 꿈을 자주 꾸니?
그 꿈이 너를 두렵게 만드니?

## 87

### 누군가 너를 질투했던 적이 있니? 있다면 언제니?

너는 그때 어떻게 반응했니?
너도 누군가를 질투한 적이 있니?

## 88

### 언제 엄청난 두려움을 느꼈니?

두려울 때 무엇이 도움이 되니?
네가 겁이 많다고 생각하니?

## 89

### 너무나 창피했던 적이 있니? 있다면 언제니?

그때 어떻게 행동했니?
창피한 상황에서도 슬기롭게 대처할 줄 아는 누군가를 알고 있니?

## 90

### 마음껏 웃어 본 적이 있니? 있다면 언제니?

누구와 함께 있을 때 특히 즐겁게 웃게 되니?

## 91

### 최근 마지막으로 부당한 대우를 받은 적이 있니? 있다면 언제니?

그때 어떻게 대응했니?
그때 누군가 네게 도움을 주었니?

## 92

### 최근에 무언가를 아주 잘해낸 적이 있니?

그때 어떤 기분이었니?
네가 뭔가를 잘해내는 데 도움이 된 건 무엇이니?

## 93

**영화를 보면서 울어본 적이 있니?**

그 영화가 마음에 들었니?
그 영화를 다시 보고 싶니?

## 94

**최근에 너를 구역질나게 한 게 있니? 무엇이 그랬니?**

그것에 딱히 구역질을 느끼지 않는 사람들도 있니?
네가 비위가 약한 편이라고 생각하니?

## 95
### 집에서 독립해서 나가면 어떨 것 같니?

어떤 점이 좋을 것 같니?
가장 아쉬운 점은 무엇일 것 같니?

## 96
### 너를 화나게 만드는 사람이 있니? 그리고 그 사람에게 한 번쯤 네 의견을 말해주고 싶니?

그렇게 말하는 게 어렵게 느껴지니?
말하고 나면 어떤 기분이 들 것 같니?

## 97

**한 번쯤 기쁘게 해주고 싶은 사람이 있니?**

그러기 위해서 무얼 하고 싶니?
최근에 너를 기쁘게 해준 사람은 누구니?

## 98

**너를 위한 깜짝 파티가 열린다면 어떻게 반응할 것 같니?**

좋은 점은 무엇이고, 좋지 않은 점은 무엇일 것 같니?

## 99
**최근에 무언가가 어렵게 느껴진 적이 있니? 있다면 언제니?**

어떻게 하면 그 일이 조금 수월하게 느껴질 것 같니?

## 100
**어떤 점에서 누군가 너를 사랑한다는 것을 알 수 있니?**

어떤 점에서 네가 누군가를 사랑한다는 것을 알 수 있니?

## 감사의 말 ✦

이 책의 주제에 공감과 관심과 독려를 표하고 작업을 함께해 주신 벨츠출판사의 페트라 도른Petra Dorn 편집자께 감사의 마음을 전합니다.

꼼꼼하고 노련하게 원고 수정 작업을 해준 실비아 그레디히Sylvia Gredig 님에게도 감사드립니다.

테스트 독자로서 책을 읽고 귀한 피드백을 준 동시에 언제나 저를 지지해주는 카림-세바스티안 엘리아스Karim-Sebastian Elias, 마티아스 되프너 Mathias Döpfner, 레베카 카사티Rebeccca Casati, 클라우디아 뮐러-칼마이어 Claudia Müller-Kallmeyer, 베레나 니코스-캄베르Verena Nyikos-Kamber 님에게도 깊은 감사의 마음을 전합니다.

## 아이의 마음을 여는
## 엄마의 100가지 질문

초판 1쇄　발행일　2022년 4월 11일

지은이　울리케 되프너
옮긴이　이지혜
펴낸이　유성권

편집장　양선우
책임편집　윤경선　　　편집　신혜진 임용옥
해외저작권　정지현　　　홍보　최예름 정가량　　　디자인　박정실
마케팅　김선우 강성 최성환 박혜민 김단희
제작　장재균　　　물류　김성훈 강동훈

펴낸곳　㈜이퍼블릭
출판등록　1970년 7월 28일, 제1-170호
주소　서울시 양천구 목동서로 211 범문빌딩 (07995)
대표전화　02-2653-5131 | 팩스 02-2653-2455
메일　loginbook@epublic.co.kr
포스트　post.naver.com/epubliclogin
홈페이지　www.loginbook.com

- 이 책은 저작권법으로 보호받는 저작물이므로 무단 전재와 복제를 금지하며, 이 책 내용의 전부 또는 일부를 이용하려면 반드시 저작권자와 ㈜이퍼블릭의 서면 동의를 받아야 합니다.
- 잘못된 책은 구입처에서 교환해 드립니다.
- 책값과 ISBN은 뒤표지에 있습니다.

**로그인** 은 ㈜이퍼블릭의 어학·자녀교육·실용 브랜드입니다.